潘于真—— 著

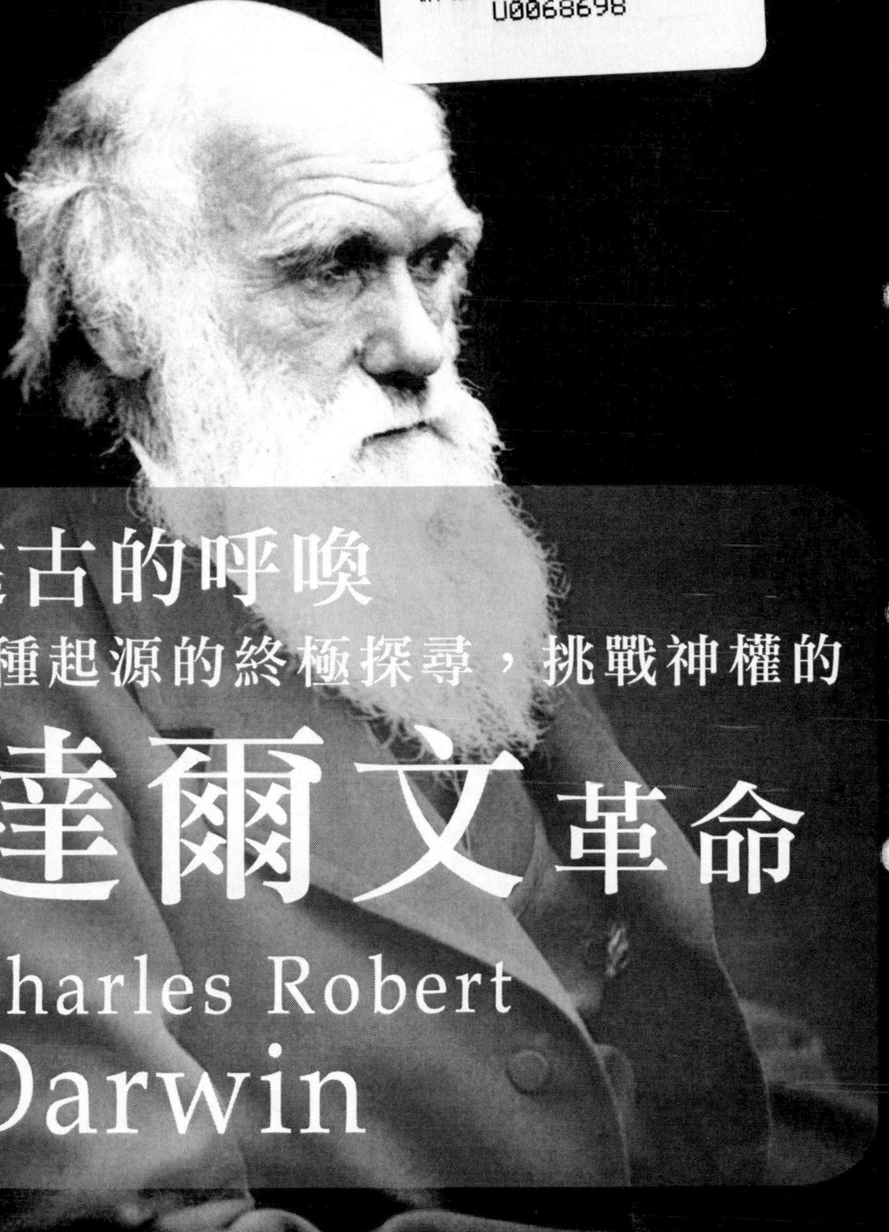

遠古的呼喚
物種起源的終極探尋，挑戰神權的
達爾文革命
Charles Robert Darwin

物種起源VS宗教論戰

從小獵犬號到唐恩莊園，跟隨達爾文的腳步探索生命的演化！

崧燁文化

目錄

目錄

目錄

故事導讀

查爾斯．羅伯特．達爾文（Charles Robert Darwin，西元一八〇九年至一八八二年），英國著名博物學家，演化論的奠基者，被譽為「演化論的始祖」。他以淵博的知識、敏銳的眼光發現並提出了生物界的演化規律，打破了宗教神學關於生物起源的荒謬觀點，開拓了人類的視野；他提出的「演化論」觀點對近代生物科學產生了龐大而深遠的影響，被恩格斯（Friedrich Engels）列為十九世紀自然科學的三大發現之一。

西元一八〇九年二月十二日，達爾文出生在英國的什魯斯伯里小鎮。父親是當地的名醫，希望達爾文長大後能夠繼承父業，因此十六歲時被父親送到愛丁堡大學學醫。

達爾文自幼對大自然充滿熱愛，喜歡打獵、採集動植物標本，對學醫並沒興趣。父親無奈之下，又將他送到劍橋大學學習神學，希望他將來能成為一名牧師。達爾文仍然無心聽取神學教導，將大量的時間花在聽取自然科學講座和進行科學實驗方面。

西元一八三一年，達爾文大學畢業，經人推薦參加了英國政府組織的環球航行，開始了五年漫長而艱辛的科學考察活動，在動植物和地質方面進行了大量的觀察和採集。回國後經過對所搜集資料的分析和思考，達爾文逐漸形成了生物演化的概念。

西元一八五九年，經過二十多年的研究整理，達爾文出版了震動當時學術界的《物種起源》(On the Origin of Species by Means of Natural Selection, or the Preservation of Favoured Races in the Struggle for Life)。該書運用大量的資料，證明形形色色的生物並非上帝創造的，而是在遺傳、變異、生存抗爭中和自然選擇中，由簡單到複雜、由低等到高等不斷發展變化的，第一次有系統的提出了生物演化學說，摧毀了各種唯心的神造論和物種不變論。

此後，達爾文又出版了《動物和植物在家養下的變異》(The Variation of Animals and Plants under Domestication)、《人類的起源》(The Descent of Man, and Selection in Relation to Sex) 等多部著作，以不可爭辯的事實和嚴謹的科學論斷，進一步闡述了他的演化論觀點，提出物種的變異與遺傳、生物的生存抗爭和自然選擇等重要論點。

晚年的達爾文儘管體弱多病，但是依然以驚人的毅力，堅持進行各種科學研究和寫作，表現出了一個偉大科學家堅持真理、不斷研究的崇高精神。

西元一八八二年四月十九日，達爾文病逝於他生活了四十多年的唐恩莊園，人們將他的遺體安葬在牛頓的墓地旁，以表達對這位偉大科學家的敬仰與懷念。

本書從達爾文的兒時生活開始寫起，一直追溯到他所經歷的不凡旅行以及獲得的偉大成就，再現了達爾文具有傳奇色彩的一生，旨在讓廣大青少年朋友了解這位世界著名的生物學家、博物學家不平凡的人生歷程，學習他那種對科學真理堅持不懈、對困難挫折毫不畏懼的堅毅品格。

第一章　歡快的童年

樂觀是希望的明燈，指引著你從危險的峽谷中步向康莊大道，使你得到新的生命新的希望，支持著你的理想永不泯滅。

——達爾文

第一章 歡快的童年

（一）

（一）

在距離英國倫敦兩百二十公里、距離西岸約一百公里的地方，有一座英國的古城什魯斯伯里。彎彎曲曲的塞文河在這裡轉了個急彎，將一個由小山組成的半島圍了起來。

這個城市很早就在這個河灣中發展起來，城裡的街道逐漸向小山的頂端延伸。塞文河的大橋將什魯斯伯里與城的四郊連接起來。從市裡向西北方向走，通過威爾斯大橋，沿著塞文河岸走半公里，在弗蘭克爾區就能看到什魯斯伯里的近郊以及坐落在塞文河岸的懸崖峭壁之上的一棟三層紅磚瓦房。

這棟樓房是偉大的博物學家查爾斯·達爾文的父親羅伯特·華林·達爾文醫生（Robert Waring Darwin）在西元一八〇〇年建成的。樓房的旁邊是一個花園，花園裡種著各種供觀賞的植物和果樹。有一條小路穿過峭壁，這條名叫「醫生路」，旁邊長著一棵栗子樹，樹枝相互平行的彎曲著。

查爾斯·達爾文的祖父伊拉斯謨斯·達爾文（Erasmus Darwin）生活在英國工業革命初期。他依靠著自己的創造性工作成為那個時期很有成就的人。他出生在一個律師家庭，曾就讀於愛丁堡大學和劍橋大學，但是他的學問主要都是靠自學而來的。

伊拉斯謨斯想像力十分豐富，善於思考、推理和歸納，並勇於實踐，這讓他成為英國工業革命初期有名的思想進步、博學多識的科學家、發明家、哲學家、醫生和詩人。

伊拉斯謨斯在大學畢業以後就以醫生為主業，透過自己的努力，他很快就成為全國醫學界的權威。他曾幾次拒絕成為英國國王喬治三世的御醫，是一個熱愛科學、自由，不貪圖權勢和名利的人。在多年的臨床實踐基礎之上，他努力研究各種醫學理論，寫出了兩大卷醫學專著《生命學》(Physiology)（又被譯為《生理學》），第一次比較有系統的提出了一系列治療精神疾病的重要理論和方法，被譽為「有史以來最具有獨創性的作品」。在這本著作中，伊拉斯謨斯認為，每個有機體中都有內在的力量促使生物演化為更高級的形式。

另外，他還寫了《植物學》(Phytologia) 一書，共六百多頁，對各種植物的特性和所需的養料，對應用生物學方法控制病蟲害，對利用汙水進行灌溉和建立自流井等，都做了詳細的論述。無疑，這對他的孫子查爾斯．達爾文產生了難以估計的影響。

同時，伊拉斯謨斯還對當時各種流行的機器有著精深的研究，如對引擎、水流驅動風車、汽輪機、新式鑽機、水幫浦、自動抽水馬桶等機械的設計和改造等，都曾做出過相當突出的貢獻。

另外，伊拉斯謨斯在氣象學方面也有著獨到的見解。他最早說明了雲和冷熱氣流的組成，並正確的預測了大氣層外部的成分。

伊拉斯謨斯還是當時著名的社會活動學家，與當時英國著名機械製造專家博爾頓（Matthew Boulton）一起創立了伯明罕太陽學會，其成員包括很多當時英國著名的科學家、文學家和社會活動家。法國著名作家盧梭在流亡英國期間，就和伊拉斯謨斯建立了深厚的友誼。

達爾文的父親羅伯特．達爾文也是一位醫生，他身材魁梧，身高體胖。中學畢業後，他進入

第一章 歡快的童年

（一）

萊頓大學專攻醫科，經名醫巴拉岱指導，在西元一七八五年獲得醫學博士學位。

大學畢業後，他的父親伊拉斯謨斯將他帶到什魯斯伯里，然後給了他二十英鎊的生活費，讓他獨立謀生。經過自己的刻苦努力，羅伯特·達爾文很快就成為當地的一名頗有聲望的醫生。

羅伯特·達爾文是個很有人格魅力的人，他對人的關心，他那博得眾人信賴的本領，以及他那高度敏銳的觀察力——這一切對他的成功都產生了促進作用。在什魯斯伯里剛剛行醫半年，他就醫治了四五十個病人。就這樣，他一開始行醫就能夠完全靠自己收入維生，而不再需要父親的資助。很快的，他就博得了人們的信任，很多病人往往不只是向他傾訴自己的健康狀況，還將自己的各種憂慮和不幸告訴他，把他當成自己的知己和朋友。

（二）

西元一七九六年，羅伯特．達爾文醫生與童年時代的青梅竹馬蘇珊娜（Susannah Wedgwood）結婚。從西元一八〇三年到一八一〇年，蘇珊娜為丈夫生下了六個孩子。頻繁的生育嚴重影響了她的健康，因為她的身體一向單薄，勞累又導致貧血。

達爾文出生之前，正值非常激烈的英法戰爭期間，英國在軍事、政治和經濟等方面都陷入困境，食物奇缺，糧價飛漲。蘇珊娜在懷達爾文的十個月中，想吃點營養品都不可能，這也讓她原本就不太好的身體更差了。在生產時，又恰逢難產，這讓羅伯特醫生心如刀割。他暗下決心，如果出現險情，孩子和母親只能保留一個的話，他就只能放棄孩子。

幸好在有經驗的產科醫師的幫助下，經過五個多小時的痛苦煎熬，蘇珊娜生下了她的第五個孩子。

西元一八〇九年二月十二日，一聲嘹亮的男嬰哭聲從什魯斯伯里近郊的紅磚房傳了出來。沒多久，這裡的人們便紛紛知道了一件事，在尊敬的羅伯特．達爾文醫生家中又出生了一個孩子。這個孩子就是日後享譽世界的自然博物學家查爾斯．達爾文。

在查爾斯．達爾文出生之前，蘇珊娜還生了三個女孩瑪麗安娜（Marianne Darwin Parker）、卡洛琳（Caroline Sarah Darwin）、蘇珊（Susan Elizabeth Darwin）和一個男孩伊拉斯謨斯（Erasmus Alvey Darwin）。達爾文出生後，父親羅伯特．達爾文覺得他既像自己，

第一章 歡快的童年

（二）

又像自己的哥哥查爾斯．達爾文（Charles Darwin），因此就替這個可愛的兒子取名為查爾斯．羅伯特．達爾文，希望小達爾文能夠繼承哥哥和他的事業，將來成為一個有出息的人。

羅伯特的哥哥查爾斯也是一名醫生，很有才華，曾因在醫學上有突出貢獻而獲得醫師協會頒發的第一枚金質獎章。可惜的是，他只活了二十歲就去世了。

在查爾斯．達爾文的記憶中，母親身體瘦弱，而且十分操勞，每天都要不辭勞苦的為孩子們縫縫補補。在家中的生活逐漸步入正軌後，父親羅伯特又在房子的兩側加修了候診室和花房等房屋，這讓母親平時的家務負擔更重了。她不僅要照顧丈夫和孩子們，還要經常打掃這裡的環境，幫助丈夫為病人診治疾病。

有人說，達爾文對大自然的愛好是與生俱來的。事實上，是良好的早期家庭教育才讓他的思想得以啟蒙。

達爾文剛剛四歲時，母親蘇珊娜就教他識字、唱歌。平時只要有時間，父親羅伯特還會在花房裡嫁接果樹，這樣在收穫的季節就有水果可以享用了。小達爾文常常在父親旁邊看著他，有時也會幫忙整理東西。

母親喜歡培養花卉，在身體允許的情況下，她會到花園中整理植物，並帶著達爾文看各式各樣的植物，還告訴他一些關於植物的故事，教他如何辨別各種植物。每當達爾文看到母親的一舉一動，都會好奇的問：

「為什麼要替植物培土呢？」

母親告訴他，因為泥土是植物生長的基礎。只要有了生長的基礎，植物就能夠成長起來。

雖然母親蘇珊娜很能幹，可是她的身體卻大不如前，加上在達爾文出生的第二年，她又生下一個女兒凱薩琳（Emily Catherine Darwin），這使她的身體狀況更加糟糕，不久就臥病不起了。

當母親的健康狀況不佳時，照顧達爾文的責任就落在二姐卡洛琳的身上。卡洛琳很聰明，可是她認為達爾文是家裡最淘氣的孩子，總是將家中發生的一切鬼把戲都算在小達爾文的頭上。小達爾文自然不服氣，他根本不服從卡洛琳的管教。無奈之下，母親也只能抱病對小達爾文進行一些力所能及的啟蒙教育，如唱歌、認字、講故事等。

當母親的身體稍微好轉的時候，在天氣晴朗的日子，她還會帶著達爾文和妹妹凱薩琳到花園裡玩耍。孩子們在花園裡跑跳、捉蝴蝶，蘇珊娜就拿著花鏟替樹苗培培土。

看到母親鏟起一鏟烏黑的泥土，放在鼻子底下聞一聞時，達爾文總是會歡天喜地的跑過來，嚷著也要聞一聞泥土的味道。

(三)

從西元一八一六年起，母親蘇珊娜臥病在床的日子越來越多了。家中的事務除了父親之外，主要是大姐和二姐操勞。但是由於年齡的原因，達爾文與姐姐們有較大的差距。自從有了妹妹凱薩琳後，達爾文才有了新的玩伴。

看著孩子們開心的笑容，蘇珊娜的心裡多少得到些慰藉。然而，孩子們可能沒有意識到，母親臉上的血色越來越少，父親待在母親身邊看護的日子也變得越來越多。

母親病重的日子，不能陪伴達爾文和妹妹凱薩琳時，外面的世界就成了兩個小傢伙的樂園。對達爾文來說，野外生活永遠是有趣而迷人的。在花園外面小路邊的那棵栗樹，是達爾文最喜愛的一棵樹，因為在這棵樹的上面有著他和妹妹凱薩琳的「座位」。爬樹對小達爾文來說簡直是輕而易舉，他經常爬到樹上去捉知了、摸鳥蛋。不過，他這樣做並不像其他孩子那樣是出於頑皮，他更熱衷於收藏。

比如，一般淘氣的孩子在掏鳥蛋時會把鳥蛋掏個精光，甚至將鳥窩直接從樹上扯下來。達爾文卻不這樣做，他只拿一個，從不多拿，其餘的就讓牠們繼續留在鳥窩中。

在搜集昆蟲時，達爾文也與其他孩子不一樣。他認為，為了採集標本而殺死昆蟲是很殘忍的事，他不願意看到那些小蟲子受苦。因此，他通常只是搜集小蟲子的屍體。

達爾文熱愛各種小動物的生命，從來不踐踏和虐待牠們。有一次，他一個人在花園玩時，一隻小狗朝他跑了過來。他以為小狗要咬他，情急之下，朝著小狗的屁股狠狠的踹了一腳，結果小狗疼得大叫著跑開了。

這本來是一件很普通的小事，可是小達爾文的心裡卻難過了好久。直到晚年，達爾文還在為這件事感到內疚。

除了會爬樹之外，達爾文還會游泳和釣魚。什魯斯伯里的周圍有不少池塘和小河，達爾文經常帶著魚竿、水桶去那裡捉魚、摸蝦，並常常拎著魚竿連續幾個小時坐在塘邊或河邊。其他孩子都用活蚯蚓作為魚餌，因為搖擺的蚯蚓能將魚兒引上鉤，達爾文不忍心將一條條活生生的蚯蚓掛在魚鉤上。他通常都去找死了的蚯蚓，但是死了的蟲要比活的難找。實在找不到時，他就只好將蚯蚓先浸在鹽水中，等蚯蚓死了再用。

釣魚培養了達爾文的耐力，日後達爾文讀到的思想和孜孜不倦的研究態度，與他少年時期的這些習慣都有一定的關係。

父親羅伯特不願意孩子們總是一天到晚在外面瘋玩，他想讓達爾文受到更多的古典教育。由於妻子蘇珊娜的身體一天不如一天，他將更多的精力都放在妻子身上，直到達爾文八歲時，父親才將達爾文和妹妹凱薩琳送到當地凱斯先生的學校中去讀書。

在凱斯先生的學校中，達爾文最喜歡上的課就是自然常識課，他對這個課特別有興趣。課堂上，老師經常會展示一些動植物的標本，還有圖片。這些新奇的物種讓達爾文感到十分好奇。相比之下，其他科目他就不那麼放在心上了。

第一章 歡快的童年

（三）

不過，達爾文才不在乎成績呢。在凱斯先生的學校上完課後，他就到四處去尋找昆蟲，或者採集各種花草植物標本。塞文河的沙灘上，紅磚樓房附近的小山下，到處都留下過他的足跡。

回到家後，達爾文就開始整理他的寶貝：彩色的卵石、美麗的貝殼、奇怪的昆蟲等等。在達爾文的小房間中，他的收藏品變得越來越多。

姐姐們看到達爾文的這些「破爛」後很生氣，怪他將屋子搞得亂七八糟的。可是達爾文的姐姐們不知道，從搜集這些東西的過程中，達爾文學到了許多課堂上沒有的知識。正是在這種搜集的過程中，他的動手和動腦能力才得到了充分的鍛煉。也正是童年時期的這個小小興趣，才逐漸成就了日後的大生物學家。

第二章　學校寄宿生活

敢浪費一個鐘頭時間的人，說明他還不懂得珍惜時間的全部價值。

——達爾文

第二章 學校寄宿生活

（一）

（一）

達爾文並不是一個聽話的孩子，經常會耍一些小聰明。達爾文家中的院子裡有許多果樹，每到成熟的季節，樹上就會掛滿誘人的果實。一看到結實纍纍，達爾文就惦記著嘗嘗它們的味道。但是等他放學回家後，果園的大門已經鎖上了。

為了能嘗到味道甜美的水果，達爾文就自己想辦法。靠近果園圍牆的地方長著一棵大樹，達爾文就順著這棵大樹爬到果園裡。果園裡的果樹並不算高，但是達爾文的年齡小，個子也矮，搆不到，他就從園子裡找到兩根木棍去打果實，然後水果都掉到草叢裡了，不好找。達爾文琢磨了半天，終於想出一個好辦法。他把木棍插在空花盆的底洞裡，再用木棍舉著花盆，將花盆伸到果實下面。這樣，只要他用另一根木棍打果實，果實就會掉到花盆裡了。如此一來，他就能吃到新鮮甜美的水果了。

不過，有時打掉的水果太多，達爾文吃不了，就將剩下的水果堆在草叢裡，然後跑回家告訴父親，說他發現有人要偷果園裡的水果。父親聽說後，就和他一起到果園查看。

到了果園，父親看看四周，又看看地上掉下的水果，馬上就明白了小達爾文的鬼把戲。不過父親並沒有責備他，而是說：

「沒事的，沒有人來偷水果，這顯然是有人故意和我們開玩笑。查爾斯，你注意觀察周圍的事物是好的，但是一定要注意，注意你的發現是否真實。」

聽了父親的話，小達爾文的臉禁不住紅了。

這個時期的小達爾文還養成了一個說謊的習慣。這種表現在他這個年齡屬於相當正常的。不過，達爾文說的謊話並不是通常的小謊，而是圍繞著他搜集的標本的離奇怪誕的謊話。他曾宣稱自己的化石中有幾塊是價值連城的珍寶，還揚言自己搜集的硬幣中有一枚是古羅馬時期鑄造的，其實就是一枚壓扁了的西元十八世紀的四分之一舊便士而已。

有一次，他還向他的朋友宣告了他使植物發生變異的方法：將幾種有色的液體噴灑在多花水仙和報春花的植株上，就能夠使同一株多花水仙和報春花開出不一樣顏色的花朵。而事實上，這種方法他自己從未試驗過。

或許是出於小孩子的虛榮心和對發明的嚮往，小達爾文才產生了各式各樣異想天開的想法。但是，他竟在那麼小的時候就對植物和它們的變異性發生濃厚的興趣，這是一件令人驚訝的事情。

羅伯特對小達爾文的這些謊言並不在意，也不想去制止他。他說：

「這說明他有豐富的想像力，有一天他可能會將這種才能用到正經事上去。」

父親的這個預言在一定程度上是正確的。成年後的達爾文從不說謊，相反的，只有真理占據了他的心靈。

就在達爾文進入凱斯先生的學校這年的夏天，母親蘇珊娜不幸去世了。儘管丈夫羅伯特盡其所能的請大夫為她診治，並陪伴在她的身邊照顧她，但是依然沒有阻止厄運的降臨。西元

第二章 學校寄宿生活

（一）

一八一七年，達爾文永遠的失去了心愛的母親。這一年，他還不到八歲。

在彌留之際，蘇珊娜還念念不忘小達爾文。她對丈夫說：

「羅伯特，查爾斯的愛好雖然有些古怪，但是我希望你能保護好他的興趣和愛好，不要阻止他。我相信，只要好好加以引導，他將來一定會有出息的。」

母親的去世改變了達爾文的生活。從此，他臉上燦爛的笑容不見了。為了轉移注意力，不去想念母親，他一天到晚的與各種樹葉、石頭、花草、泥土、昆蟲等為伍。

蘇珊娜去世後，家裡的重擔就都落在了父親羅伯特的肩上。不過，羅伯特醫生對子女的教育一直很重視，並未因為生活的艱辛而放棄。為了實現對妻子蘇珊娜的承諾，也為了讓小達爾文得到更好的教育，父親讓達爾文離開了凱斯先生的學校，跟隨哥哥伊拉斯謨斯一起轉到什魯斯伯里城中的舒茲伯利學校讀書。

（二）

舒茲伯利學校是什魯斯伯里城裡一所頗有名氣的中學，曾經培養過很多著名的人物。羅伯特醫生之所以將小達爾文轉到這所學校來，一是因為學校的名氣，另一個原因是因為校長布特勒是羅伯特的老朋友。還有一個更重要的原因，就是舒茲伯利學校裡推行的是嚴格的古典教育。

羅伯特醫生一直都希望達爾文能夠受到良好的古典教育，達爾文在這裡生活了七年。但是，他卻一直都不喜歡這裡。多年以後，達爾文對他在舒茲伯利學校所受的教育是這樣評價的：

「布特勒博士的學校對於我的智力發展是再糟糕不過了。因為嚴格的進行古典文學教育，除了一點點古代的地理和歷史之外，別的什麼都不教。從教育的這一點來看，這個學校對我簡直就是一片空白。」

達爾文之所以這樣說，是因為布特勒博士是利奇菲爾德大教堂的神父，他的中學是一所文法學校，教的科目主要是古代語言，如拉丁文和希臘文，數學則教得很少，自然科學和現代語言教得更少了，甚至就連本國的語文——英文也幾乎不教。這裡的學生只是偶爾把一些古文的散文翻譯成英語，其餘的大部分時間都花在學寫和背誦那些沒有多大意義的古詩上面。

學校對作詩特別重視，就連校長布特勒博士本人都曾因自己寫的希臘頌詩而在劍橋大學獲得過兩枚獎章。由於學校的因素，達爾文在學校期間沒少閱讀名人的詩作，如雪萊（Percy Bysshe Shelley）、拜倫（George Gordon Byron）、司各特（Walter Scott）等人的作品他都讀過。他

第二章 學校寄宿生活

（二）

最喜歡的是古希臘詩人賀拉斯（Quintus Horatius Flaccus）的希臘頌詩，認為只有賀拉斯的頌詩才能讓他產生學習這門功課的興趣。

達爾文雖然也喜歡這些詩，但是他自己卻拙於作詩。儘管如此，他還是有些自己的辦法去「應付」這些學校規定的課程。他搜集了大量的舊體詩，然後分出類別後加以剪裁。經過不斷的搜集整理和總結歸納，他慢慢掌握了一些竅門，再加上同學們的幫助，他很快也能相當容易的創作出一些題目的詩篇來。事實證明，有效的方法可以幫助人們更好的學習更多的知識。

在學習詩歌的同時，達爾文還相當喜歡戲劇，尤其是莎士比亞的歷史劇。他常常能一連幾個小時一動不動的躲在一個地方讀莎士比亞的《李爾王》（King Lear）、《查爾斯二世》（Richard II）等作品。

透過這些學習，達爾文在學校裡學到了一些東西，雖然他對學校的厭惡還是一如既往。可是在課外，達爾文卻有各式各樣的興趣。他曾跟一位家庭教師學習歐幾里德（Euclid）幾何。當了解了對定理的一些明確的論證方法後，他就感到很滿意。透過對幾何的學習，達爾文覺得，他所學到的東西遠比他在學校裡學習的那些死記硬背的東西有用得多。後來的事實也證明，正是這些幫助他開啟思維的課程，讓他掌握了更多獲取知識的方法和工具。

另外，他還懷著極大的興趣閱讀了不少自然科學著作，尤其是吉伯特·懷特（Gilbert White）的《自然史和賽爾波恩地區的考古研究》（The Natural History and Antiquities of Selborne）等，讓他對觀察鳥類的習性產生了極大的興趣，促使他對附近各種鳥類進行了許多詳細的觀察，並做了紀錄。

（三）

在舒茲伯利學校的課餘時間，達爾文搜集的興趣不僅沒有停止，反而越來越強烈。他急切的想要知道和了解自己所感興趣的事物，力求弄清楚一些事物為什麼是這樣而不是那樣。這種熱心觀察、追求理解的個性，顯然對他日後的科學研究起了關鍵性的作用。

達爾文最喜歡搜集的是各種礦石和昆蟲。不過，這時他採集礦石的方法還不科學，只關心和尋找各種新奇的礦石，沒有設法將它們分類，以便日後進行研究。不過，這時的達爾文畢竟還是個孩子，只是出於興趣，還不是為了做研究而搜集。

對各種昆蟲的搜集也是如此，都是搜集那些以前沒有見過的品種，有時也能遇到一些十分稀有的昆蟲。每當這時，他都會為了擁有一個新的標本而高興一整天。

在讀了鳥類學方面的書籍之後，達爾文對鳥類的興趣大增。他在這樣小的年紀就十分喜歡「在颳風天的傍晚沿著海濱散步，觀賞那些沿著奇怪而又錯誤的路線飛回家去的海鷗和鸕鶿」。

所有這些能觀察到的東西，達爾文都會認真的記錄下來。

有一天，達爾文在課堂上看到一位同學竟然將一本書放到大腿上閱讀，而且看得津津有味。他很好奇，下課後就找到這位同學，想看看他到底在看什麼有意思的書。

這是一本名叫《世界奇觀》的書。在同學看完後，達爾文就迫不及待的借來閱讀。書中講了許多他沒有見過的事物，比如埃及神奇的金字塔、羅德里島的巨型太陽神雕像、神祕的巴比倫空中花園等。

這本書在同學們中間互相傳閱，一下課，大家就都聚在一起爭辯書中那些不可思議的奇特建築是否真的存在。這時，達爾文的心中忽然湧出一個大膽的想法：要是能到遙遠的地方去看個究竟，那將是件多麼愜意的事啊！

達爾文沒想到，正是他這種潛藏在心底的強烈願望，才促成了日後對他影響一生的環球旅行。

在達爾文即將中學畢業時，他的哥哥伊拉斯謨斯對化學產生了興趣，並在家中的一個儲藏室裡打造了一個小實驗室。達爾文經常幫助哥哥，並認真閱讀了幾本化學方面的書籍。當他在實踐中了解到試驗方法的奧妙之後，又對化學入了迷。此後只要有機會，兄弟倆就偷偷從學校跑回家，一頭鑽進實驗室裡去動手實驗，有時一直忙到深夜。

這樣第二天到學校後，達爾文就會向同學們講解許多有趣的實驗。不過，很多實驗都是關於如何製作各種氣體的。同學們見他那副神魂顛倒的樣子，就幫他取了一個綽號——「瓦斯」。達爾文聽了，不但不生氣，還高興了好幾天。

達爾文和哥哥偷偷跑回家做化學實驗的事終於被校方知道了。布特勒校長將兄弟倆叫到教導室，嚴厲的問：

「你們兩個做的好事已經有人告訴我了，說吧，怎麼回事？」

兩個孩子嚇得誰也不敢吭聲，不知道該怎樣向校長解釋。

第二章 學校寄宿生活

（三）

布特勒校長繼續嚴厲的問道：

「人們已經提醒請我注意，說你們經常在家裡玩一些有毒的化學藥品，是不是有這麼一回事？」

「校長，不是這樣的。」聽了校長的話，達爾文壯著膽說，好像有了勇氣似的。「校長，我們並沒有玩化學藥品，而是在做一些傳導實驗。」

「啊，小達爾文，是真的嗎？」布特勒校長譏諷的笑道。「這麼說，我們的學校有一位未來的波以耳（英國物理學家，Robert William Boyle）和戴維（英國化學家，Sir Humphry Davy）了？在我的印象當中，做實驗的應該都是成年的科學家，而不是那些連賀拉斯的詩都翻譯不了，甚至連最簡單的英文動詞詞尾變化都弄不清楚的小孩子！」

「可是校長……」達爾文仍然想要為自己和哥哥辯護。

「夠了！」布特勒校長打斷達爾文的話，「我不想再聽你狡辯了。你們被送到這裡，是為了接受古典文學教育，不是來涉獵科學性的東西的。現在，你們馬上回到各自的教室去，認真學好以前的功課。如果你們還要繼續碰那些與你們不相干的東西，我只好嚴肅的考慮請你們的父親來這裡把你們帶走了！」

此後不久，布特勒校長又在一次早禱後當著全校師生的面訓斥了達爾文，再次責罵了他在科學方面的興趣，並稱他「無可救藥」。更嚴重的是，布特勒校長還將這件事告訴了達爾文的父親羅伯特先生。

（四）

羅伯特醫生一向對兒子寄予厚望，要求很高，但是他不理解達爾文的興趣和愛好的意義。在對年輕人教育的問題上，他算是一個相當傳統而保守的人。

一天，羅伯特醫生將達爾文叫到身邊，準備狠狠的責罵他一頓。

「孩子，我早就跟你說過，你應該好好學習學校規定的功課，不要把時間浪費在那些無用的事情上。在學校認真學習古典文化，這樣將來你才能有知識、有涵養，你在天堂的母親也能得到安慰。」

「可是爸爸，我對學校裡的那些課程一直都毫無興趣。」達爾文對自己一向敬重的父親坦白道。

羅伯特醫生聽了兒子的話後，立即火冒三丈：

「興趣？你每天除了打獵、養狗、抓老鼠、釣魚、捉鳥、搜集爛石頭之外，對別的什麼都沒興趣！你再這樣下去，會讓你自己、讓我們整個家族丟臉的！」

校長和老師的責罵，達爾文根本不放在心上，而父親也這樣說他，讓他感到很難過。在他心裡，父親是個有智慧、有遠見且和善的人，可是現在連父親都不支持他的愛好，孤獨和痛苦占據了他的心靈。

多年以後，達爾文想起布特勒校長及他的中學生活時說：

第二章 學校寄宿生活

（四）

「沒有誰會比我更憎恨這種陳舊、刻板、毫無意義的古典教育了。」

由此我們也能隱約感覺出，達爾文對父親的不滿全部轉嫁到學校的制度上去了。

羅伯特醫生也漸漸意識到，讓達爾文繼續留在舒茲伯利學校學習已經沒什麼意義了，因為兒子的興趣的確不在古典文學，他沒辦法強迫兒子喜歡古典文學。於是，他決定讓達爾文和他的哥哥一樣，到愛丁堡大學（University of Edinburgh）去學習醫學。

在十九世紀，上流社會的家庭中存在一條不成文的規定：如果有三個以上的男孩，長子應繼承父業，幼子應當律師，其他的孩子則到陸軍或海軍中服役。由於羅伯特醫生只有兩個兒子，所以他一直都計劃讓伊拉斯謨斯學習醫學，以後在什魯斯伯里開一家診所；讓達爾文日後到教會中尋找出路。因此，他先將伊拉斯謨斯送到了愛丁堡大學醫學院讀書。而現在，他打算將小達爾文也送去學醫。

西元一八二四年耶誕節期間，羅伯特醫生將自己的這個決定告訴了達爾文，要他第二年秋天也到愛丁堡醫學院去讀書。

「您的意思，是希望我成為一名醫生對嗎？」達爾文顯然對父親的決定感到沮喪。

「這有什麼不好嗎？」羅伯特醫生看著兒子說，「你很清楚，我在這裡有一個賺錢的診所，而且事業發展也很順利，因為醫生是個很受人尊敬的職業。伊拉斯謨斯和你畢業之後，都可以在這裡開設診所。我們會為很多人看病，也會有比較可觀的收入。」

「可是爸爸，我本來是想學習植物學和動物學的。我希望自己可以繼續沿著祖父的足跡前進，而且我也覺得，可能我命中註定是要將祖父留下的工作繼續下去……」

「命中註定？」羅伯特醫生憤怒的打斷了達爾文的話，「你怎麼有資格說命中註定呢？像你這樣的孩子，命運就是操控在父母手中。我告訴你，你註定是要學醫的。不要再跟我討價還價了，明年秋天你要到愛丁堡去上學！」

再繼續爭論也沒有意義了，父親不可能同意他的想法，達爾文只能聽從父親的安排。

西元一八二五年，達爾文在舒茲伯利學校的學習生活澈底結束了。然而他並不高興，對他來說，接下來的生活不過是從一個牢籠解脫，再鑽進另外一個牢籠而已。

第二章 學校寄宿生活

（四）

第三章　特殊的大學生涯

我能成為一個科學家，最主要的原因是：對科學的愛好，思索問題的無限耐心，在觀察和搜集事實上的勤勉，一種創造力和豐富的常識。

——達爾文

第三章 特殊的大學生涯

（一）

（一）

西元一八二五年十月的中旬，達爾文被父親送到了愛丁堡大學醫學院，與哥哥一起在那裡學習醫學。

愛丁堡大學是一所十分著名的大學，在蘇格蘭享有很高的聲譽，被譽為「醫學博士的搖籃」。羅伯特醫生希望達爾文在這裡能夠好好的學習醫學，將來與自己一樣，既精通醫學又懂生物學。為此，他為達爾文和哥哥提供了充足的資金，替他們租了一棟又大又漂亮的房子，為他們創造盡可能好的生活環境。

這時的達爾文剛剛十七歲，比規定的入學年齡要小一歲多，不過在哥哥的幫助下，他還是順利的辦理了入學手續。

剛開始時，達爾文是對愛丁堡大學是充滿了幻想的，覺得既然來了，就要好好學習一番。可是當他真正的體驗了這裡的教學後，幻想很快就破滅了。除了化學課上能夠接觸更多的實驗，讓達爾文還能接受之外，其餘所有的課程幾乎都是「填鴨式」的教學方法，就連他曾經極度嚮往的生物學也被講得枯燥、乏味。再加上有些教授濃重的地方口音，讓想法活躍的達爾文相當不習慣。

達爾文最不喜歡的課程就是亞歷山大·門羅（Alexander Monro）所講授的人體解剖學。達爾文後來說：

「他講授的人體解剖學和他本人一樣乏味，因此這門課程讓我感到厭惡。」

不過在醫學院，這門課程卻是必須要修的。但是達爾文只去了一次解剖室，就再也不想去了。因為一進門，他就看到解剖台上被泡得變了形的屍體，聞到了混有福馬林和屍體惡臭的氣味，他感到自己的內臟就要吐出來了！

另一門讓達爾文感到難以忍受的課程，是他的專業實習課——外科手術觀摩教學，這意味著他必須零距離親眼目睹手術的全過程。

達爾文有一個與他所學專業十分矛盾的毛病，就是怕血，可是他必須參加醫學科系的臨床實習課。在當時，麻醉技術還不發達，在進行外科手術時，醫生通常只幫患者灌上一點酒，然後用紗布堵住患者的嘴，再將其手腳牢牢綁在手術台上，然後就開始試試不加任何麻醉藥物的外科手術。

達爾文親眼看到了這樣的手術：患者需要截掉腐爛壞掉的肢體，醫生一邊做手術，患者一邊痛苦的掙扎。儘管有紗布堵住嘴巴，可是達爾文還是能夠清晰的聽到患者的慘叫聲。這聲音讓達爾文越聽越恐懼，最後他只能掩著耳朵跑出了手術室。

澈底讓達爾文決定放棄醫學學習的是第二次手術觀摩課。那是幫一個小孩子做手術。那天，達爾文剛一踏入手術室，就聽到裡面傳來孩子尖厲痛苦的哭喊聲。孩子恐懼的目光和痛苦的聲音，讓達爾文感到那手術不是幫孩子做的，而是幫他自己做的。隨著醫生的每一個動作，達爾文都好像能感覺到手術刀正在自己的身體裡活動。看著手術一點點進行，孩子一點點失去呼喊的力氣，達爾文越來越感到害怕，最終他再一次掩著耳朵逃出了手術室。

此後，達爾文再也沒有上過這種可怕的課程，而且放棄學醫的念頭也日漸強烈。

（二）

到大學二年級時，達爾文的哥哥畢業離校了，達爾文一個人繼續留在學校。沒有了哥哥的照顧和幫助，很多實驗他更懶得去做。這時的他，決心按照自己的方式生活，於是開始埋頭在圖書館苦讀。

愛丁堡大學有幾個十分有名的地方，一個是自製的天文台，一個是愛丁堡大學博物館，還有一個是著名的藝術和工藝學院，另外一個就是達爾文最喜歡去、藏書十分豐富的愛丁堡大學圖書館。在這裡，達爾文如飢似渴的閱讀著各種自然科學、旅遊遊記、名人傳記等各種知識。

除了在圖書館閱讀之外，達爾文還經常去愛丁堡大學博物館，那裡陳列著許多新奇有趣的東西。漸漸的，達爾文成了那裡的常客，並與在那裡工作的兩位年輕的博物學家交朋友，其中一位就是後來很有名氣的羅伯特·格蘭特博士（Robert Grant Aitken）。

格蘭特博士當時就在愛丁堡大學博物館工作，主要致力於海洋生物的研究。他對醫學和自然科學都很有研究，曾親自去拜訪過拉馬克（Jean-Baptiste Pierre Antoine de Monet, chevalier de Lamarck），學習了拉馬克的演化論思想。達爾文第一次聽說拉馬克的演化論觀點，就是從格蘭特博士那裡聽說的。

拉馬克是第一個系統性的研究生物演化的人，曾提出了第一個演化理論。這個理論主要包括兩點：

第三章 特殊的大學生涯

（二）

一、生物有著向更高級形態演化的欲望。

二、生物對於生活環境具有一定的適應功能，這些功能還會變為性狀遺傳給後代。

在與達爾文的交流過程中，格蘭特博士每次都會提及拉馬克的演化理論，達爾文也好奇而認真的聽著，但是並沒有留下什麼深刻的印象，因為他已經從祖父那裡知道了相關演化論的一些內容，他對這種純理論的觀點並沒有多大興趣。

達爾文經常和精力充沛的格蘭特一起四處遊覽，幫助他在退潮後的水坑裡搜集海中的各種動物，然後對其進行解剖。達爾文自己也對解剖動物充滿興趣。他曾在一九二七年所記的筆記中提到，他在福斯灣發現了一種特殊的海魚——「海鯊魚」，並「與格蘭特博士一起對這種魚進行了解剖」。他們對魚的內臟器官，包括心臟和心瓣等，都進行了認真仔細的研究。

他還與紐埃文尼的漁民們成為朋友。漁民每天都要從海裡撈出許多生物，達爾文很熱衷於對這些生物進行研究。他在筆記裡記載和描述了某些軟體動物的產卵情況，以及軟體動物的幼蟲，並簡要的敘述了珊瑚蟲和海鰓。此外他還觀察了一條魚往圓盤和橈骨基間特殊分泌囊裡產卵的情況等。

漸漸的，海邊新鮮有趣的生活，豐富多彩的標本，讓達爾文重新喚醒了童年時代的熱情。學校那些不愉快的生活和未來工作的擔憂早已被他拋到九霄雲外，他開始專心做起他的研究來。

達爾文有一架不太精確的顯微鏡，雖然簡陋，但是並沒有阻礙他進行科學觀察的熱情。正是用這架望遠鏡，達爾文發現了前人的一些小錯誤，其中的一個是板枝介的幼蟲被前人誤認為是藉著鞭毛獨立運動的板枝介卵，另一個是海蛭的卵衣被前人誤認為是墨角藻幼年期的球狀體。

達爾文將這兩項發現寫成了科學論文，即〈論苔蘚動物門中的苔藻蟲〉和〈論環節動物門環帶綱中的水蛭〉。這兩篇論文充分顯示出了達爾文在生物學方面的研究才華，並得到了格蘭特博士的熱情讚賞。為此，格蘭特博士將達爾文推薦到普林尼學會（Plinian Society），讓他在眾人面前宣讀了這兩篇論文。

普林尼學會是一個以大學生為主的科學團體，創辦於西元一八二三年，學會會員每週二會在愛丁堡大學的學院地下室中集合，因對科學的共同愛好而一起學習、探討、交流。學會共有一百五十名左右的會員，學會祕書是格蘭特博士。

達爾文的論文在宣讀後，獲得了會員們的一致好評。西元一八二六年十一月二十八日，達爾文被選為學會委員，不久又被選為學會理事五人成員之一。在擔任學會委員的幾個月中，學會共舉行了十九次會議，達爾文只有一次缺席。

（三）

朋友的鼓勵和普林尼學會會員的支持，使達爾文對生物學的興趣日漸濃烈。在越來越廣泛的交際當中，他也結識了許多志趣相投的朋友，比如威廉姆·馬克吉利弗雷（William MacGillivray）就是達爾文結識的一位年輕學者。他因為對軟體動物和鳥類進行研究而小有名氣，曾出版過一部論蘇格蘭鳥類的巨著。從他那裡，達爾文學到了許多鳥類知識。

戈爾德斯格林博士也是一位非常傑出的年輕學者，熱愛生物研究，發表過許多優異的生物學論文，經常與達爾文一起討論相關生物方面的話題。

與此同時，達爾文還結識了一位黑人朋友，他以善於製作各種鳥類標本而著名。在那裡，達爾文虛心請教製作鳥類標本的技術。

此外，格蘭特博士還帶著達爾文參加魏爾納學會（Wernerian Natural History Society）的一些會議。在這些會議上，達爾文聽了美國鳥類學家奧杜邦（John James Audubon）關於北美鳥類習性的報告。達爾文自己也經常參加其他的一些學會，如「皇家醫學會」（Royal Society of Medicine）和「愛丁堡皇家學會」（Royal Society of Edinburgh，由蘇格蘭著名的小說家和詩人華爾德·司各特擔任主席）的會議。

當時在愛丁堡，有兩派地質學家始終爭論不休。一派為海王星派，認為一切岩石都是由海洋沉積而成的；另一派是冥王星派，認為岩石的起源大部分是由火山噴溢的結果。一次，達爾文跟著一個參觀團到某地參觀，這個地方有明顯的火山活動痕跡，可是其中一位海王星派教授卻極力否定，還嘲笑冥王星派。這時的達爾文對地質學方面已經有了一定的研究，因此他對學者們的爭論進行了認真分析，並指出了他們的偏見。

在西元一八二六年到一八二七年這兩年的暑假中，達爾文都生活得很快樂。他經常外出旅行和遊玩，有時還打獵。比如在一八二六年的夏天，他就與兩個朋友步行穿過整個北威爾斯，最後攀登了斯諾登山峰。一八二七年夏天，他又與妹妹凱薩琳一起沿著北威爾斯進行了一次短途騎馬旅行。

達爾文還十分喜歡打獵，每次旅行都要大大滿足自己的這個興趣。而他打獵次數最多的地方，就是到舅舅喬賽亞．威基伍德（Josiah Wedgwood）的莊園或到奧溫先生的伍德高茲去打獵。到梅爾莊園的舅舅喬賽亞那裡旅行和打獵，對達爾文來說是十分誘人的。一棟古式的房屋坐落在小湖岸邊，朋友們經常聚集在這裡舉行各種宴會或演戲，如演莎士比亞的《溫莎的風流娘們》等。

喬賽亞舉辦的宴會上充滿了上層社會的名流，其中撰寫了《英國革命史》的哲學家和歷史學家詹姆斯．邁金托什（James Mackintosh）也經常來梅爾做客。他善於言談，每次達爾文都很認真的傾聽，並會向他提出一些問題。梅金托什憑著哲學家的敏銳，發現了達爾文的不尋常。他說：

「在這個年輕人身上，總有些東西讓我感興趣。」

（三）

在這期間，達爾文還迷上了音樂，但是其實他是個樂盲，幾乎分不出音階與音階之間的差別，可是他仍然對一些偉大作曲家的作品著迷，尤其是對巴哈（Johann Sebastian Bach）、莫札特（Wolfgang Amadeus Mozart）和亨德爾（Georg Friedrich Händel）等人的作品。

事實上，與其說達爾文感興趣的是音樂，倒不如說他感興趣的是彈奏樂曲的人——他的表姐艾瑪（Emma Wedgwood）。

艾瑪當時十九歲，比達爾文大十個月左右。她出身名門、才貌雙全、舉止得體，求婚者自然是絡繹不絕，但是都被她一一拒絕了。之所以如此，是因為她的內心深處已經喜歡上了達爾文表弟。但是她卻不清楚達爾文內心是如何想的，因此常常陷入苦悶之中。

達爾文自然也是很喜歡這位表姐的，可是他才僅僅十八歲，大學也沒畢業，事業也沒有開始，根本不可能會考慮到婚姻問題。此時，他更關心的是自己的生物學知識，以及他的一些新計畫。可是他沒想到，他的父親羅伯特醫生正在準備讓他走另外一條道路呢。

第四章　劍橋求學

我既沒有突出的理解力，也沒有過人的機智。只是在覺察那些稍縱即逝的事物並對其進行精細觀察的能力上，我可能在普通人之上。

——達爾文

（一）

西元一八二七年秋天，達爾文回到家中，向父親坦白了自己在大學裡的所作所為，並表示自己不會再繼續學習醫學。羅伯特醫生失望極了，他覺得達爾文的行為完全背離了他的初衷，辜負了他的期望，本來打算讓達爾文繼承自己事業的計畫也泡湯了。

最後，羅伯特醫生告訴達爾文，既然不願意學醫，那就沒必要繼續留在愛丁堡大學白白浪費錢財了，乾脆去當牧師好了。他要求達爾文結束在愛丁堡大學的求學生活，準備到劍橋大學（University of Cambridge）學習神學。

達爾文對父親的這個決定感到突然和茫然，他爭辯說：

「爸爸，我不適合學醫，也沒興趣學習神學，您為什麼總是讓我去學習那些我不感興趣的東西呢？」

「那麼你對什麼感興趣？除了各種鳥和各種死蟲子，你還喜歡什麼？」固執的羅伯特醫生還是認為兒子的興趣是不務正業。

達爾文無法拒絕父親的要求，為了不與父親形成對抗，他請求父親允許他「考慮」一段時間。然後，他來到梅爾莊園的喬賽亞舅舅家，請舅舅幫他拿主意。

這時，喬賽亞也收到了羅伯特醫生的來信，他答應會幫忙勸勸達爾文去劍橋大學學習神學。

因此，當達爾文問舅舅的意見時，喬賽亞說：

「查爾斯，你應該聽從你父親的決定。當然，我並不是勸說你絕對信仰神學，為神學奉獻一生。我認為，作為一門學問，神學還是可以研究的。」

「可是，那我喜歡的生物學不就全部報廢了嗎？」

「學好神學，當上牧師，你還是可以繼續堅持你的生物學愛好。」喬賽亞說，「歷史上很多著名的人物，像哥白尼、布魯諾、牛頓，還有現任大學教授賽奇威克（Adam Sedgwick）都曾學習或研究過神學，有的還擔任過聖職。不過，我希望你能像哥白尼、布魯諾那樣，從神學走向科學。」

聽了舅舅的話，達爾文覺得很有道理，而且他也沒有理由再拒絕父親了，因為他感到很對不起父親，總是讓父親失望。

於是，達爾文接受了父親的建議，申請到劍橋大學基督學院學習。西元一八二七年十月，校方批准了他的請求。

然而，由於達爾文在離開舒茲伯利學校後，再沒翻過一本古典文學方面的書，就連在愛丁堡所學的，也因為老在外面旅遊而忘得乾乾淨淨。所以，他只好在家猛補功課，以便在開學後能夠盡快適應學校的教學進度。

西元一八二八年一月八日，達爾文正式進入劍橋大學基督學院，學校期限為三年。

十九世紀前半葉的劍橋大學有很多方面都與今天不一樣。幾棟古老的學院樓舍雖然歷經風雨，在近一百五十年的歲月裡並無太大變化，但是周圍的環境卻變得無法辨認了。過去，這裡

第四章 劍橋求學

（一）

僅是一個擁有大約八千名居民的死氣沉沉的市集小鎮，如今已經發展成為一個擁有十幾萬人口的城市了。

達爾文雖然從小就喜愛科學和文學，對神學並沒什麼興趣，但是他畢竟還是個閱歷不深、知識不多的青年，加上無孔不入的神學勢力影響，一開始他的各門功課還都不錯。他還認真閱讀了《論教義》，佩里（Ralph Barton Perry）的《基督教教義證驗論》、《自然神學》、《倫理學》等各種神學著作，還翻譯了一些古希臘文的著作，包括荷馬（Homer）的作品和希臘文的《聖經》，這讓父親很滿意。

事實上，達爾文並沒有認真的學習神學，也根本沒準備當一名牧師。而且在接受了一段時間的神學教育後，達爾文漸漸發現，這裡的課程與愛丁堡甚至與舒茲伯利學校的課程安排都是一個模式，古典科目課程占據了很大的比例。達爾文還是無法接受那些妨礙他進行推理和觀察興趣的課程，於是又轉而學習其他一些課程。

在舒茲伯利學校期間，達爾文曾對幾何學產生過興趣。在劍橋大學，枯燥乏味的古典課程讓達爾文感到厭煩，因此他打算繼續學習數學。可是對於沒接觸過多少數學的他來說，這也是一件十分困難的事。為此，他曾在西元一八二八年夏天專程跑到一個數學教授家中學習。儘管如此，但是學習效果並不好，無奈他只好放棄數學。

此外，他還發展了其他愛好，如美術、音樂等，但是這些都是透過朋友那裡學來的。上了劍橋之後，達爾文又認識並結交了很多好朋友。

（二）

由於對課程缺乏興趣，達爾文經常不去上神學課和語文課等，但是為了不讓父親生氣，每到考試臨近，他都不得不放下對花鳥魚蟲的研究，著手準備功課，以應付考試。一旦考試結束，他就又扔下那些必修課，轉到那些讓他心馳神往的興趣上去了。

當考試順利通過時，他就會高興得忘乎所以：

「我考試及格了，及格了！……那些主考官很嚴格，問了我許多問題。」

這讓父親羅伯特感到很欣慰，他覺得兒子這一次正在按照他安排的道路前進。他並不知道，他的兒子有多麼厭惡神學。

後來達爾文也承認，雖然有一段時間他成功的讓父親相信他對學習神學的興趣，但是其實他對英國國教和羅馬天主教所傳布的教義都已經失去了信仰。他發現，《創世紀》的第一章與他從科學實驗中學習的東西完全無法融合。同樣的原因，他也不相信聖母瑪利亞的單性生殖和基督創造的種種奇蹟。他對那一日三次、天天重複的禱告儀式日漸心生厭煩，他所敬仰的哥白尼(Nicolaus Copernicus)、布魯諾（Giordano Bruno）、伽利略（Galileo Galilei）還在神學院遭受變相的誹謗和攻擊……。如果自己日後成為一名牧師，也可能會是這樣的下場。想到這些，達爾文簡直不寒而慄！

雖然對神學毫無興趣，但是達爾文還是勇敢的向錯綜複雜的神學攻讀了兩個學期。這說明他

第四章 劍橋求學

（二）

雖然不太專心，但是卻是一個很有耐心的學生。當然，他還是將大部分的時間都用在閱讀自然科學書籍和到野外採集標本的活動上了。

在劍橋大學求學期間，搜集甲蟲是達爾文認為最有興趣的工作。這時候，他搜集甲蟲依然是以興趣為主，而不是為了研究解剖用。他常常將新搜集來的昆蟲和手上的昆蟲圖鑑進行比對，觀察牠們的外表是否相同。一旦發現差異，他就立即認真的記錄下來。對這些昆蟲，達爾文有著相當驚人的記憶力和出色的分辨力。在搜集昆蟲後，他通常都能十分迅速並準確的判斷出牠們是否屬於新品種。

由於觀察仔細，很多昆蟲的習性都在達爾文的掌握之中。透過觀察，他發現垃圾、茅草、濕地、樹皮中和青苔裡通常都是甲蟲的藏身之所。只要多翻翻這些地方，總能找到一些甲蟲，有時還能搜集到一些罕見而珍貴的昆蟲品種。

有一天，達爾文又在樹林中觀察甲蟲。不一會兒，他就在一棵又粗又高的大樹上發現了兩隻甲蟲，樣子十分古怪，他以前從沒見過。於是，達爾文輕手輕腳的走到樹旁，悄悄伸出兩隻手，緊張的屏住呼吸，然後快速伸手抓住牠們，剛好一手抓住一隻。

就在這時，忽然飛過來一隻長著透明翅膀的黑色飛蟲，達爾文本能的想伸出右手去抓，可是右手裡已經有一隻蟲子了。他實在捨不得放棄這隻蟲子，眼看這隻蟲子就要飛遠了，他一時慌亂，隨手就把右手中的那隻蟲子塞入嘴巴裡，準備騰出手去抓那隻黑色的飛蟲。

忽然，達爾文感到自己的嘴裡又苦又辣。原來，那隻被他放到嘴裡的大甲蟲見情況危急，馬上分泌出一種辛辣的液體。達爾文只好把牠吐了出來，大甲蟲馬上跑掉了。而這時，那隻黑色的飛蟲也早已飛得無影無蹤了。

達爾文的確十分喜歡甲蟲，經常孜孜不倦的想要弄清楚每隻甲蟲的名稱，而且喜歡用他自己發明的一套命名方法。此後很多年，他就堅持這樣做。人們為了紀念他，很多甲蟲就用達爾文取的名字。後來有一天，當達爾文在昆蟲學家史蒂芬（Stefan P. Cover）出版的《不列顛昆蟲圖集》中看到了標著「此蟲為查爾斯．達爾文所捕獲」字樣的昆蟲後，別提多高興了！晚年時，他在自己的回憶錄中還提到了這件事，他說：

「詩人第一次看到自己的作品被發表時的快樂，一定比不上我在史蒂芬的《不列顛昆蟲圖集》中看到『此蟲為查爾斯．達爾文所捕獲』這幾個字來得更快樂。」

（三）

在劍橋學習期間，達爾文與他的堂哥威廉·達爾文·福克斯（William Darwin Fox）很親近，兩人都很喜愛自然科學。達爾文曾說，多虧有堂哥的幫忙，他才更加熟悉昆蟲學。福克斯後來成為一名鄉村牧師。

達爾文經常將自己在昆蟲方面的新發現告訴福克斯，並說他和牛津大學的第一個動物學教授霍普先生談論過昆蟲，他很喜歡霍普教授的昆蟲搜集標本。霍普先生還給了達爾文一百多個新品種，還要慷慨的送給他最稀有的昆蟲標本。

在進入神學院之後，達爾文就試圖說服父親允許他另謀職業，放棄那討厭的神學，但是都沒成功。羅伯特醫生的態度比以前更加固執，他一定要達爾文繼續學習下去，這讓達爾文很苦惱。正如他後來所說的那樣：

「雖然我在劍橋的生活還有些可取的地方，但是我的光陰在那裡是虛度了，甚至比虛度還要壞。……對於這樣的浪費光陰是應當感到慚愧的。」

不過，達爾文淵博的知識和才華還是讓著名學者休厄爾博士（Sewell）感到驚訝。休厄爾博士是一位很有天賦的學者，後來成為三一學院的院長。他對達爾文未來事業的發展產生了定向的作用。

有一次，他找到達爾文，對他說：

「當一名牧師顯然不是你的專長，你有沒有考慮過畢業後繼續留在劍橋，繼續攻讀你感興趣的科系？這樣你很快就會獲得會員資格。」

達爾文將休厄爾博士的建議告訴了父親。雖然休厄爾教授對達爾文的重視打動了羅伯特醫生，可是他依然不想改變原來的想法。

就在這時，堂哥福克斯約達爾文一起去參觀劍橋大學的植物園。這可是正合達爾文的心意。雖然達爾文沒什麼心情觀賞，但是福克斯卻忽然驚喜的告訴他，亨斯洛教授（John Stevens Henslow）正在這裡替學生上課呢！

亨斯洛教授是劍橋大學有名的年輕博物學家，同學們對他的評價是——「他是個什麼都知道的人」。

達爾文也早就聽說這位三十多歲的教授是一個通曉各門學科的人。因此一聽福克斯說亨斯洛教授在這裡，達爾文有了精神，連忙和堂哥擠到人群中去聽。

這堂課，亨斯洛教授講的是關於蟲媒傳粉的知識。現場實地的授課要比課堂上那令人昏昏欲睡的單調講解效果好得多，透過亨斯洛教授通俗易懂的講解，同學們很快就能直接的了解到蟲媒傳粉這一過程。達爾文不禁為亨斯洛教授這種在大自然中進行研究的講學方法所打動。

達爾文在一旁聚精會神的聽著，他覺得聽亨斯洛教授的課簡直像是一種美妙的享受。忽然，他頭腦中產生了一個問題想向亨斯洛教授請教，但是又不敢問。在堂哥的鼓勵下，他才鼓起勇氣問道：

（三）

「敬愛的教授，我有個問題想要請教您。」

「什麼問題？」教授看了看達爾文那張陌生的臉，笑著問。

「上帝在創造蘭花和昆蟲時，是同時的，還是不一樣的時間？如果不一樣時，那麼誰先誰後呢？」

這其實是個類似於「先有雞還是先有蛋」的爭論。亨斯洛教授無法回答這個問題。直到西元一八五九年，達爾文才自己對這個問題進行了科學的解釋。

不過，達爾文的問題還是引起了亨斯洛教授的主意。他認定達爾文是個了不起的年輕人，於是沒有勉強回答這個問題，而是問福克斯：

「他是誰？」

福克斯早就與亨斯洛教授認識，因此畢恭畢敬的向亨斯洛教授介紹說：

「他是我的堂弟，叫查爾斯．達爾文。我們都喜歡生物課。」

這時，達爾文趕緊表達他對亨斯洛教授的仰慕。教授也被他的談吐和目光所吸引了。

「我很喜歡自然科學，尤其是生物學，可是我的專業卻是神學。」達爾文告訴亨斯洛教授。

亨斯洛教授點了點頭，說：

「科學與神學從表面看好像是水火不相容，但是其實可以共存的。這樣吧，我家裡每週都有一次聚會，來的都是對科學有特殊愛好的人。如果你們兩個願意的話，以後可以一起來我家。」

對亨斯洛教授的邀請，達爾文自然是欣喜若狂。從那以後，達爾文就成了亨斯洛教授家中的常客。他對自然科學所表現出的那種真誠愛好與求知欲望，以及他敏捷的思維，都讓亨斯洛教授讚嘆不已。

（四）

每週亨斯洛的家中舉行聚會時，都充滿了自由探討的學術氣氛。與會者時而靜靜的思考問題，時而展開激烈的討論，大家都各抒己見、暢所欲言。當某個人發表了精闢的見解時，大家都會歡快的鼓掌讚揚；當大家為某個問題爭論不休時，亨斯洛教授就為大家加以解答。如果亨斯洛教授也解答不了的，他就讓大家一起進行討論研究。

達爾文探索科學的熱情在這種氛圍中再次被激發出來。多年後，達爾文是這樣描述這種聚會對他的影響的：

「亨斯洛教授家的聚會促進了人們的交流，在劍橋產生了良好的效應，如同一些科學團體在倫敦所產生的效果一樣。……我曾聽說，當時的偉人們用多方面的、極其卓越的才能談論各種問題，的確獲益不小。因為這些談話可以啟發年輕人的思想，可以激發年輕人的雄心。」

亨斯洛教授性格謙和，待人誠懇親切，對那些熱愛科學的年輕學子更是如此。由於年齡和性格使然，他經常會像一個孩子一樣和學生們打成一片。也由於他的平易近人，學生們都不將他當成純粹的師長，而是當成同齡的朋友。在亨斯洛教授高尚人格魅力的影響下，不少學生後來都成為英國著名的學者。

而達爾文身上也有某種特點，使許多同齡人很容易對他產生好感。也許是由於他熱愛自然的那種真正的心境和那敏捷活潑的大腦。亨斯洛教授也有同感，因此他與達爾文之間很合得來，並成為真正意義上的師生和朋友。

由於受到亨斯洛教授的影響，達爾文喜歡上了植物學，並選修了亨斯洛教授的植物學課程。亨斯洛教授的課程與其他人的課程不一樣，他喜歡離開課堂，和學生們一起到大自然中去學習，因此經常帶著學生到郊外進行學習，或是經過漫長的跋涉去採集植物標本。他授課的地點也靈活多變：山川、沼澤、海洋、田野……，到處都可以成為課堂，他也可以隨時停下來為學生們講解路邊看到的植物、動物或一些岩石的知識。

這種授課方式讓達爾文讚嘆不已，內心對亨斯洛教授充滿了敬佩。達爾文在劍橋的最後幾年，兩個人幾乎每天都要一起外出散步，以至於人們都這樣評價達爾文：

「這是常常與亨斯洛教授一起散步的那個人。」

這種友誼對達爾文的一生都產生了很大的影響，達爾文後來的環球旅行就是以這種友誼為前提的。

亨斯洛教授是一名優秀的地質學研究者，受他的影響，達爾文也開始學習地質學，而且學習興致很高。在很短的時間內，他就讀完了幾本英國地質學方面的書籍，還繪製了一張舒茲伯利周圍的地質圖。

亨斯洛教授還推薦達爾文閱讀了兩本很有意義的書，一本是天文學家約翰．赫歇爾（Sir John Frederick William Herschel）的《自然哲學的初步研究》，另一本是博物學家洪堡德（Friedrich Wilhelm Heinrich Alexander von Humboldt）的《美洲赤道地區考察記》。洪堡

第四章 劍橋求學

（四）

德是德國著名的探險家，曾考察了美洲的熱帶地區和中亞。透過對美洲氣候的研究，他發現太平洋中存在一股貼近祕魯和智利海岸流動的寒流，當時就以他的名字將該寒流命名為洪堡德寒流（又稱祕魯寒流）。

第一本書激發了達爾文為神聖的自然科學奉獻一切的決心，第二本則讓他對環球旅行充滿了神往。

「洪堡德真不愧是一個勇敢的探險家和旅行家，是人類愚昧的征服者！」達爾文由衷的稱讚道。

「我記得偉大的詩人歌德（Johann Wolfgang von Goethe）曾經說過，洪堡德就像一個有著許多龍頭的噴泉，只要你將一個容器放在下面，隨便一碰，就能噴出清澈的泉水來，而且是源源不斷。」亨斯洛教授說，「可惜的是，像洪堡德這樣的探險家現在是太少了。到目前為止，世界上還有許多未曾探索的地方。在今後不知有誰能去繼續開發呢！」

「您看我怎麼樣？」達爾文胸有成竹的問亨斯洛教授。

「查爾斯，我早就知道你有探索未知世界的理想和勇氣，但是，探險與遊山玩水不一樣，那需要廣博的知識，同時還要有吃苦耐勞的精神。我覺得，你在地質學方面掌握的知識還不夠，但是只要繼續努力，相信不久你就會成功。」

後來，亨斯洛教授又介紹達爾文去聽著名地質學家賽奇威克教授（Adam Sedgwick）的地質學課程，達爾文也因此而結識了賽奇威克教授。在賽奇威克教授那裡，達爾文如飢似渴的學習研究地質學，以期望能夠有所成就。

第四章 劍橋求學

（四）

第五章　科學考察的開始

我之所以能在科學上成功，最重要的一點就是對科學的熱愛，並堅持長期探索。

——達爾文

第五章 科學考察的開始

（一）

西元一八三一年，達爾文參加了劍橋基督學院的畢業考試，並且順利的通過了考試。可是按照校方的規定，他需要在劍橋再繼續留兩個學期，才能授予他文學學士學位。於是，達爾文繼續留在劍橋聽亨斯洛教授的植物學課和賽奇威克教授的地質學課。

賽奇威克與亨斯洛一樣，也是一位優秀的「野外」考察家。而且，他正準備在這一年的夏天到北威爾斯去考察。亨斯洛教授表示可以與賽奇威克商量一下，看能否讓他帶上達爾文一起去。

達爾文知道，賽奇威克可是當時英國最優秀的地質學家，並不是什麼人都能與他一起去進行地質考察的。能與他一起外出考察的，通常都是相當有聲譽的地質學家。如果真能成行，對達爾文來說可真是一件非常榮幸的事。

為了這次考察，達爾文不得不將以前所學的知識重新拿出來溫習。雖然以前也學過一些，但是由於導師授課單調枯燥，達爾文並沒有學到多少真正的東西。為了不錯過這次與賽奇威克教授一起考察的機會，達爾文可真是費了不少心思。儘管亨斯洛教授告訴他，賽奇威克教授已經同意帶他一起去了，達爾文還是擔心，生怕賽奇威克教授因為自己的才疏學淺而改變主意。

為此，達爾文閱讀了大量關於地質方面的書籍，還特地購置了一台傾角儀，利用房間內的桌子進行各種測量。同時，他還試著外出到附近進行地質調查。當他做了這些事之後發現，地質學完全不是他想像的那麼容易。因此，他更加努力的學習各種地質知識。在閱讀了大量的地質學著作後，他發現：人們對於自己所生活的地球的認識簡直太淺薄了。

經過漫長的等待，西元一八三一年八月三日，賽奇威克在帶達爾文外出旅行前夕，與他進行了一次簡短的、卻讓達爾文記憶深刻的談話。

事情是這樣的：有一天，達爾文告訴賽奇威克教授，當地的一個工人在一個沙坑中找到了古生熱帶貝殼。達爾文覺得，教授可能會因為這個發現而吃驚，可是教授卻不假思索的說，這個貝殼是有人扔到坑裡的，如果真屬於冰河時期的表面地層，那將是地質學的真正悲哀，因為這會推翻人們當時所不清楚的關於各種表層沉積物的一切認知。

達爾文對教授的回答感到驚訝，他說：

「在這以前，我雖然讀了不少書，但是我從沒有這樣清晰的認知到，科學是由這麼多可以從中得出一般規律或結論的事實構成的。」

隨後，達爾文與賽奇威克教授一起出發了。一路上，賽奇威克教授經常為達爾文講解各種地質知識，譬如教他辨識岩石和挑選標本的方法，以及如何繪製地質圖等。達爾文盡其所能的消化吸收著，哪怕一時吸收不了，他也無所謂，因為這是一次非常難得的考察，也是一次難得的學習機會。

達爾文還按照賽奇威克教授教他的方法，採集了大量的岩石標本。賽奇威克教授告訴他：

「你要記住你在路上採集過的標本，同時也要在你的地質圖上記下那裡的地質狀況。只有這樣，在你回頭進行研究時，才能有完整而詳細的資料。記住，任何不尋常的事物都值得我們

第五章 科學考察的開始

（一）

去關注。」

在這段旅行期間，達爾文還獨自完成了一次考察，就是在考察隊到達卡佩爾·居利後，達爾文悄悄的離開了考察隊，靠著自己身上攜帶的指南針和地圖，獨自穿越了荒無人煙的斯諾登山去，來到了風景秀麗的巴茅茲。

這次考察雖然被賽奇威克教授責罵了一頓，擔心他遇到危險，但是達爾文卻認為正是這次獨立考察，讓他真正體會並理解了一個事實：不論事實是如何簡單，如果不仔細觀察，事實通常都很容易被忽略掉。

八月二十九日，在結束了北威爾斯的短期地質考察後，達爾文回到了什魯斯伯里的家中。一到家，他就看到桌子上面的兩封信。正是這兩封信，使達爾文做出了一個澈底改變他人生道路的決定。

（二）

寄給達爾文的兩封信分別是亨斯洛教授和劍橋大學天文學教授皮科克（George Peacock）寫來的。達爾文首先打開了亨斯洛教授的信，信中說，海軍部請他推薦一位年輕的博物學家陪同英國軍艦小獵犬號（H.M.S. Beagle）的官兵，前往南美海岸進行科學考察，他向他們推薦了達爾文。亨斯洛教授告訴達爾文，小獵犬號軍艦艦長羅伯特．斐茲洛伊（Robert FitzRoy）是一位十分了不起的人物，而且是他的老朋友。他還鼓勵達爾文說：

「我已經告訴艦長，在我所認識的人當中，你是最合適參與這項工作的人選。我這樣說並非認為你是個完美的博物學家，而是認為你能夠勝任搜集、觀察並能將值得記載的東西記錄在博物學當中。」

同時，亨斯洛教授還告訴達爾文，這次考察可能是一次沒有薪水的考察，但是艦長是個熱情精明、忠於職守的人，也是個要求非常嚴格的人，如果推薦去的只是個博物學家而缺乏紳士風度、沒有情趣，他也不會要的。所以，他勸達爾文趕緊與皮科克教授聯絡，以便能爭取到這次外出考察的機會。

在信的末尾，亨斯洛教授還告訴達爾文：

「這次航行預期需要兩年，如果能帶上足夠的書籍，你喜歡做點什麼都可以。」

這種可能改變達爾文職業生涯的事情，自然讓達爾文激動萬分！至於是否有薪水根本不重

第五章 科學考察的開始（二）

要，願望的實現才是最讓他開心的。

達爾文又拆開另外一封信，巧的是，這封信剛好是皮科克教授的信。在信中，皮科克教授也極力推薦這次航行，並且又誇讚了艦長一遍，說達爾文一定會與艦長相處愉快，還能學到很多知識。他也告訴達爾文，這次航行是沒有薪水的，但是政府可以給他正式委任以及他所需要的各種科學研究設備。

看了這兩封信，達爾文的激動之情難以言表，他馬上將兩封信拿給父親看了，並表示願意接受邀請。

看完信後，父親羅伯特也為兒子能得到亨斯洛教授和皮科克教授的賞識而高興，但是他還是像往常一樣堅持自己的看法，認為航海對達爾文這個未來的牧師來說是不合適的。

「雖然這是件讓人高興的事，但是我堅決反對你從事這種不計後果的冒險活動。而且我可以明確的告訴你，我不同意你去。」

達爾文突然從興奮的巔峰跌入了失望的低谷。這時達爾文已經二十一歲了，完全可以自己做決定了，但是他一向是個孝順的兒子，對父親真誠的愛，讓他不能採取激烈的做法。而且他也清楚，如果違背父親的願望，父親一定不會給予他經濟上的支持。無奈之下，他只好忍住內心的痛苦，於八月三十日向亨斯洛教授寫信，謝絕了邀請。

但是，羅伯特醫生還是為達爾文留下了一線希望。

「如果你能找個任何一個有見識的人同意你去，我就答應你。」他說。

這句話讓達爾文重新燃起了希望之火，他忽然想起了喬賽亞舅舅。喬賽亞是個興趣十分廣泛的人，也熱愛博物學，並與許多科學家之間都是朋友。

達爾文想，也許舅舅才是父親心中那個「有見識的人」。第二天一大早，達爾文就帶上兩位教授的推薦信，騎著馬來到舅舅喬賽亞的莊園。

「你父親這樣做是沒有道理的。」在達爾文詳細的向舅舅敘述了事情的經過後，喬賽亞說。「你說他怕這次航海會妨礙你成為牧師，但是我認為，對這個職業不僅沒有影響，反而還有好處。我現在就寫一封信給他，把我的想法告訴他，看他如何表示。」

喬賽亞很清楚，外甥達爾文是個好奇心強、渴求知識、熱愛科學的年輕人，這次科學考察對他來說是一次千載難逢的好機會。如果錯過了，對達爾文將會產生負面的影響。於是，他馬上提起筆寫了一封信給羅伯特醫生，信中明確表達了他支持達爾文去航海的意見，並對羅伯特醫生的反對理由提出了不一樣的意見。然後馬上派僕人帶著信和達爾文一起回家，將信呈給羅伯特醫生。

羅伯特醫生一直對喬賽亞這位親戚懷有深深的敬意，當看到喬賽亞的信後，對喬賽亞在信中提出的合乎邏輯的理由也做了讓步。他將喬賽亞的僕人打發回梅爾莊園，並帶去簡短的回覆，稱自己收回之前的反對意見，贊同達爾文去航海。

見父親改變了主意，達爾文簡直興奮得不知所措，對舅舅和父親充滿了感激。

「你這次恐怕還要花掉一大筆錢吧？」羅伯特醫生問達爾文。

「您答應給我的數目就已經足夠了，爸爸。」達爾文回答說，「而且上了小獵犬號後，我就是想方設法花掉那些錢都難呢！」

「聽說，你的花錢本領很神奇呢！」父親笑著譏諷他說。

聽了父親這句話，達爾文不好意思的也跟著笑了。

（三）

在得到父親的同意和支持後，達爾文便開始重新規劃這次航海計畫。就在這時，一個意外的消息傳來：斐茲洛伊艦長來信，說他已經找到了一位可以一起進行航海考察的博物學家。

這突如其來的消息，讓剛剛從失望中脫離的達爾文再次陷入絕望的境地。到底斐茲洛伊艦長為何會改變主意呢？達爾文馬上去詢問亨斯洛教授和皮科克教授，可是他們都不知道。眼看航行就要化為泡影，達爾文很不甘心，他不想失去這次得來不易的機會，決定親自到倫敦去弄清楚這件事。

當達爾文剛從劍橋到達倫敦的車上一下來，就受到了斐茲洛伊艦長熱情的歡迎。艦長說：

「你來得可正是時候啊，現在我們的船上就需要你這樣的人。」

艦長的話讓達爾文再一次一頭霧水。他忙問：

「您不是已經找到一位合適的博物學家一起航行了嗎？」

「哦，是的是的，事情是這樣的：在亨斯洛教授向我推薦您後，您沒有及時與我聯絡。出於任務的考慮，我又找了一位朋友來擔任這一職務，他也同意了。可是就在剛剛，我收到了他的信，說他有職務在身不能同行了。而現在，您又來了，這簡直就是天賜之緣啊！」

這戲劇性的一幕讓達爾文又驚又喜，他馬上表示自己非常願意隨小獵犬號去考察，並坦誠的告訴斐茲洛伊艦長，去南美考察一直都是他的心願，即使沒有薪水也無所謂。

第五章 科學考察的開始

（三）

就這樣，達爾文重新回到這次環球考察的任務當中了。

不過斐茲洛伊艦長告訴達爾文，這次航行的航線還沒有最終確定，政府原打算是用三年的時間在南美海岸勘察完成，然後原路返回。但是斐茲洛伊艦長打算改變一下，從南美洲西海岸橫渡太平洋，經紐西蘭、澳洲，再跨越印度洋，繞過非洲，進入大西洋，最後返回英國，其實就是環球一周。這樣勢必會延長航行的時間，因此艦長問達爾文，是否能夠接受這麼長時間的海上旅行？

達爾文自然不會反對，因為他一直都希望能夠環繞地球旅行，現在這個夢想就要實現了，他正求之不得呢！

接著，斐茲洛伊艦長又讓達爾文去拜訪一下貝福特艦長，因為小獵犬號航行的全部安排都由他決定。見到貝福特艦長後，達爾文才明白，自己其實已經成為小獵犬號上的一名正式成員了。

隨後，達爾文便寫信給家人，將自己在這裡的情況匯報一下，並讓家人為他準備衣服、鞋子、書籍和一架新的望遠鏡。

西元一八三一年九月十一日，達爾文跟隨斐茲洛伊艦長一起到普利茅斯德文港（Devonport, Plymouth）去看看小獵犬號的裝修情況。這是達爾文第一次見到小獵犬號。

看到船的第一眼，達爾文就失望了，他開始覺得父親的擔心是有些理由的：小獵犬號是一艘雙桅的小軍艦，船身雖然是用堅實的桃木做的，可是經過十年的航行，如今已經破爛不堪了。

小獵犬號的改造工程很大，不僅要將破爛的船身換了，還要把甲板加高，增強船隻抵抗暴風雨的能力，同時還要對桅帆進行改造，安裝最新發明的避雷裝備等。這樣一來，出航時間就要拖延。達爾文的心情再次陷入低谷。

小獵犬號原定是十二月二十七日啟航。既然還有些時日，達爾文便決定把這段時間好好利用一下。他首先列出了一份航海必需的購物清單，但是斐茲洛伊艦長告訴他沒必要帶太多的東西，只須帶幾件必需的衣服和物品就夠了，不過他卻勸達爾文花六十英鎊購買一箱手槍，稱沒有手槍是無法上岸考察的。

這讓達爾文有些為難，最後他還是花了五十英鎊買了一箱非常好的長槍和一箱手槍，還花五英鎊買了一個望遠鏡和一個指南針。

十二月二十四日，在小獵犬號啟航的前三天，達爾文帶著聖誕禮物去拜訪了舅舅喬賽亞，和舅舅一家告別。表姐艾瑪這時已經成長為一個非常漂亮的女孩了，對艾瑪滿懷柔情的達爾文很想馬上向她求婚，可是一想到自己馬上就要遠航了，讓艾瑪等待自己，對她實在不公平。但是他還是希望艾瑪能明白自己的心意，因此臨走前對艾瑪說：

「我預計要離開兩年，艾瑪，妳能等我嗎？」

艾瑪含著眼淚點了點頭。只是當時的達爾文沒想到，自己這一走就走了五年。在艾瑪五年的等待中，達爾文整整環繞了地球一周。

第五章 科學考察的開始
（三）

第六章　環球旅行（一）

我在科學方面所做出的任何成績，都只是由於長期思索、忍耐和勤奮而獲得的。

——達爾文

第六章 環球旅行（一）

（一）

（一）

西元一八三一年十二月二十七日這天，東風吹拂，陽光燦爛。上午十一點，小獵犬號艦艇正式起錨出航了，達爾文新的科學生命也隨之開始了。

此次出發的小獵犬號上，正式成員除了艦長斐茲洛伊和達爾文外，還有尉官、醫生、軍官、水手長和見習水手等。這是一次十分富有意義的旅行，破舊的「貝爾格」號艦艇也會因為十九世紀最偉大的生物學家查爾斯．達爾文，而被載入歷史史冊。

小獵犬號以每小時七十八海里的速度在海上飛速前進，在駛出普利茅斯灣後，便駛入巨浪滾滾的比斯開灣（Bay of Biscay）。這裡風力很強，浪花也大，小獵犬號在海浪中開始顛簸著向前行駛。第一天，達爾文平穩的度過了，可是從第二天起他就開始暈船，感到頭痛欲裂，胃裡像用棍子攪動一樣難受，直想吐。

一旦感覺快支撐不住時，達爾文就用毛巾捂住嘴，快速跑到位於尾艙外面的廁所嘔吐。可是吐兩次後，胃裡就再也沒什麼東西可吐了，他還是很難受，還是想吐，吐不出來就只能乾嘔。

達爾文原本打算在航行中認真研究地質學和無脊椎動物，因此航行中他在船尾設置了一張網，用來捕獲水中的各種生物，然後將捕獲的生物進行鑑定，再一一登記。他還準備解剖一些特殊的水生動物，繪製成解剖圖。然而暈船的痛苦讓他根本無法工作。同艙的人告訴他，第一次出航的人一般都會遭受這種罪，只要撐過這段時間就沒事了，即使經驗豐富的老船員也會感到難受。

看到同伴擔心的樣子，達爾文苦笑著說：

「請放心吧，我一定不會半途而廢的，否則，將來我在墳墓裡都不會安息的。」

但是在內心深處，他真有點懷疑自己能否堅持到底了。他在寫給父親羅伯特醫生的第一封信中，就描述了暈船的痛苦：

「我以為自己真的快死了。一陣陣的嘔吐太痛苦了，那滋味讓我感覺不是腸子就是胃被撕裂了！」

第三天，風勢開始減弱了，船搖擺得也不那麼厲害了，斐茲洛伊艦長來看望達爾文，詢問他的身體情況。達爾文不敢說出實情，怕艦長將他趕下船，所以告訴艦長自己感覺還行，就是稍微有點頭暈嘔心。

下午，斐茲洛伊艦長讓達爾文跟他到甲板上，讓他看甲板上的一堆灰塵。達爾文掙扎著來到甲板上，斐茲洛伊艦長指著甲板上的的一堆灰塵，問達爾文這是什麼。

「啊，這是熔岩灰，可惜太少了！」達爾文邊說邊用手捏起一小撮仔細觀察。隨後，達爾文搖搖晃晃的準備爬上桅杆，到桅帆頂上再弄一些下來。斐茲洛伊艦長不同意，怕有危險，但是禁不住達爾文的苦苦央求，只好同意了他的請求。

達爾文好不容易從桅帆上又弄下一些熔岩灰，然後拿到顯微鏡下仔細觀察。突然，他興奮的喊道：

第六章 環球旅行（一）

（一）

「啊，找到了！艦長您看，這些熔岩灰裡有很多小生物！」

斐茲洛伊不明白，在這一望無際的海洋上，為什麼會有這種熔岩灰，而且裡面還有這麼多小生物？

經過研究分析，達爾文斷定這種熔岩灰是從南美洲吹過來的。可是這些小生物為什麼不躲起來，而是甘願被風吹到無邊無際的大海上呢？達爾文苦苦思索。

為了幫助達爾文做研究，斐茲洛伊艦長指定了船上的水手賽姆斯·科文頓擔任達爾文的助手。從此，科文頓便成為達爾文的專用助手，並協助達爾文狩獵鳥獸、製作標本、應付雜務等，因此達爾文就多了很多進行科學研究的時間。

（二）

當小獵犬號經過馬德拉群島（Madeira）時，達爾文還是暈船暈得厲害，甚至不能到甲板上去看一眼這個群島。每當暈船厲害時，他就躺在吊床上，閱讀旅行家們描寫熱帶自然風光的書籍；或是躺在艦長室的沙發上，和斐茲洛伊艦長聊天，以此來轉移自己的注意力，讓暈船症狀減輕一點。整整一週，達爾文遭受的折磨才逐漸消失。

西元一八三二年一月五日，小獵犬號漸漸駛近了達爾文魂牽夢縈的特內里費島（Tenerife），並緩緩的向聖克魯斯鎮（Santa Cruz de la Sierra）駛去。這個鎮上的許多白色小房子在火山岩的映襯下，顯得十分漂亮，船上的人都紛紛登上甲板，欣賞這美麗的海上風光。達爾文也和大家一起到甲板上遠眺，洪堡德筆下那引人入勝的美景，馬上就要變成現實了。

就在這時，從聖克魯斯駛來一隻小船，船上的一位官員宣布，歐洲此時正流行霍亂，小獵犬號必須隔離十二天。在此之前，任何人都不能上岸。

這個消息讓小獵犬號上的每個人都大失所望。尤其是達爾文，比船上的任何一個人都要失望和沮喪，以至於在他的《航海日記》中連說「倒楣」！

隔離也就意味著船上的所有人都要無所事事的在船上度過十二天，這不符合斐茲洛伊艦長的性格。因此他下令馬上張帆，向維德角群島（Cabo Verde）駛去。

達爾文戀戀不捨的告別他心中嚮往的目標——泰德峰。它在初升的陽光照耀之下，被大片大

第六章 環球旅行（一）

（二）

片的白雲籠罩著。達爾文將他從正在遠去的小獵犬號上看到的泰德峰上的曙光，稱為「是我永遠不能忘記的許多令人神往的日子中第一天的曙光」。

前往美洲的旅程就比較風平浪靜了，達爾文也漸漸適應了海上的生活。他對自己說：

「我現在要開始工作了。」

於是，達爾文繼續每天將他的小拖網從船尾放到海裡，讓船拖著網在大西洋中前進。航行一段時間後，他再將網拉上來，這樣就能撈到不少海洋生物。

每次撈上這些東西後，達爾文都會將牠們倒在一塊破舊的帆布上，以免弄髒甲板。達爾文捕獲最多的海洋動物是水母，也有一些極小的甲殼類動物，還有許多海洋浮游生物。一次，他拿起一隻噴水海鞘剛準備觀察，忽然被海鞘噴了他一臉的水，周圍看熱鬧的船員見狀都一陣大笑。

達爾文將這些從海裡撈上來的動物都一一分類，然後放進小玻璃瓶中，再倒上亨斯洛教授教他配製的防腐劑。在每一個瓶子上，他都貼上標籤，並寫明標本發現的地點，再把每個瓶子的編號記下來。這些工作雖然枯燥瑣碎，但是卻讓達爾文感受到了海上生活的愉快和趣味。

在這段時間中，達爾文與斐茲洛伊艦長的友誼也逐漸加深。他們每天一起交談，一起吃飯。達爾文的真誠坦率和全心全力投入工作的態度，使艦長增加了對他的好感。不久，船上的人就開始稱達爾文為「和艦長一起吃飯的人」了。

（三）

西元一八三二年一月十六日，小獵犬號在維德角群島的一個四周荒蕪的聖地牙哥島停了下來。達爾文起初還有點擔心自己對洪堡德所描述的、他曾經為之讚嘆不已的熱帶風格感到失望。這時，船上的水手都陸續下船去考察海水的流向了，達爾文和助手科文頓也背著背包，拿著地質錘，準備爬到山上去搜集岩石標本。

他們一上岸，走進長有羅望子、芭蕉樹和棕櫚樹的河谷時，就聽到不熟識的鳥類在啼叫，看到各種新奇的昆蟲圍繞著新開的花朵飛舞。達爾文頓時就高興得熱血沸騰，他感到之前所受到的所有艱難和折磨都是值得的。

一路上，達爾文不顧天氣的炎熱炙烤，興致勃勃的拿著地質錘東敲敲西打打，然後將各式各樣的石頭都敲下來放進背包。不一會兒，他們的背包裡就裝滿了各式各樣的石頭，背包帶深深的勒在達爾文的肩膀肉裡，他渾身上下都被汗水浸透了。

看到繼續吃力找石頭的達爾文，助手科文頓不解的問：

「達爾文先生，這些亂七八糟的石頭究竟有什麼用啊？」

「你看，這些石頭都是有層次的，每層石頭中都有著不一樣的貝殼和海生動物遺骨，它可以告訴我們不同年代的生物，因此都是很有價值的地質資料！」達爾文喘著粗氣說。

科文頓總算明白了一點，他十分佩服達爾文的鑽研精神，趕緊從達爾文的身上接過背包背在自己身上，以便達爾文可以更容易的搜集石頭。

當天晚上，達爾文就將白天搜集來的石頭都貼上標籤，寫下搜集的經過。在考察過程中，達爾文還根據物種的變化，思考著一系列的問題：自然界的奇花異草、人類萬物到底是怎樣形成的？他們為什麼會千變萬化？他們彼此之間有何種關聯？……這些問題在他的腦海中日漸深刻，並逐漸使他對神創論和物質不變論產生了懷疑。

在這裡，達爾文還將英國著名地質學家查爾斯．萊爾（Sir Charles Lyell）所著的《地質學原理》的基本思想運用到聖地牙哥（Santiago）的地質考察上。他發現，萊爾的基本思想要比當時流行於美國的災變論者們的地質學思想更優越。當時他想，他將對他所要訪問的各國地質情況都進行分類管理，並將其整理成一本書。這個想法讓達爾文高興了好一陣子。

接下來的幾天，達爾文都在這個光禿禿的平原上四處遊覽。這裡到處都遍布著一堆堆晒焦了的岩石。幾天的遊覽中，達爾文收穫頗豐，他已經被這裡熱帶大自然的新穎完全吸引住了。這裡的一切都讓他留下了很深的印象。

小獵犬號在聖地牙哥停泊了三週，在這三週當中，達爾文製作的標本有鳥類、昆蟲類和海洋生物類等。有時，達爾文會連續幾天坐在船艙中觀察研究這些生物，就連吃飯都要助手替他送進來。

達爾文搜集的標本越來越多，他必須不斷的將標本寄回英國亨斯洛教授那裡。這些標本很雜亂，有植物的葉子、樹枝，有小昆蟲、小魚，甚至有蒼蠅和老鼠。每次達爾文都小心翼翼的將這些標本整理好寄回去，還經常寫信詢問亨斯洛教授對這些標本的看法，而通常都要幾個月甚至一年，才能收到亨斯洛教授的信並回信，因為小獵犬號經常難以預知自己停泊的地點。

在大多數情況下，亨斯洛教授都會對達爾文寄給他的標本給予很高的評價，但是有時他也會抱怨有些標本發了黴、變了質，根本找不出它的本來面目。這讓達爾文有些難堪，甚至有些無奈。

後來，小獵犬號還靠近了大西洋中一個不為人知的小島——聖保羅島（Saint-Paul），達爾文對這個荒無人煙的小島又進行了考察。在這裡觀察岩礁上的鳥糞層形成的特別稠密的浮渣過程中，達爾文再一次表現出了他的獨特求知欲。

這個小島上有兩種鳥：管鼻鸌和燕鷗。牠們根本不怕人，你甚至可以用地質錘打牠們。達爾文還發現一個有趣的現象：雄性的管鼻鸌總是會為配偶銜來一些小魚放在巢旁。而當達爾文將雌鳥從巢旁趕跑後，馬上就會出現幾隻大蟹將巢旁的小魚偷走，有時大蟹還大膽的掠走小鳥。

這個有趣的發現觸動了達爾文：原來生物之間存在著如此奇特的生存對抗。

（四）

西元一八三二年二月，小獵犬號越過了赤道。在到達巴西之前，小獵犬號停泊在一個名叫費爾南多迪諾羅尼亞群島（Fernando de Noronha）附近。

這是一個火山島，是巴西流放犯人用的，有大約三百公尺高的山峰。島上覆蓋著一片幾乎無法通行的森林，各種樹木都讓達爾文感到驚異：輕巧的椰子樹是任何一種歐洲樹木都不能比擬的；芭蕉樹簡直和暖房中的一樣；合歡樹和羅望子的藍色葉子讓人驚訝；壯麗的柑橘樹更是美不勝收；……另外，這裡還有許多達爾文沒有見過的動物。

不論是植物還是動物，都讓達爾文認知到了物種的豐富性。他在描述自己置身於熱帶雨林中的感受時是這樣說的：

「如果你的眼睛想要注視某一隻蝴蝶的飛舞，可是牠卻落在一棵樹上或一個水果上；如果你觀察某隻昆蟲，那你馬上就會把牠忘掉，因為昆蟲正在爬著的那朵不平常的花會將你迷住；如果你想讚美各種壯麗的景色，你就要把注意力集中在獨特的景物上，心中充滿了讚美的感情，這種感情又形成一種未來的、更加悠閒的喜悅心情。」

二月二十八日，小獵犬號在巴西靠岸了，停泊在巴西的巴伊亞市（Bahia）。這座古城位於海灣之上，周圍為各種熱帶植物所環抱，風景極其優美。這裡的房舍都是白色的，還有著高大而狹長的窗戶。

在這裡，達爾文遊覽了荒無人煙的熱帶森林。這裡好幾公里內都看不到一個人，安靜得讓人無法想像。在森林的某些地方，含羞草就像幾公分厚的地毯一樣覆蓋著地面。當達爾文從上面走過去後，就會留下一行腳印。這是由於含羞草敏感的小葉閉合，以及色彩變化而形成的。

達爾文還在這裡搜集了許多漂亮的陸生扁平軟體多岐腸目化石，並對昆蟲進行了大量的研究。這裡的許多熱帶大型蝶類引起了他的注意，有些蝶類可以雙翅張開成平面在陸地上奔跑，並發出很大的劈啪聲。

由於對甲蟲的熟悉，達爾文發現，這裡的甲蟲和美國的甲蟲不是同一個科目。因此，他十分認真的搜集了這些昆蟲的品種。另外，他還發現了許多直翅目、半翅目和針尾膜翅目的昆蟲。有時他會因為發現一些以前從未見到的昆蟲習性而驚訝不已。

達爾文一共花了兩週在巴西內陸考察。回到里約後，他就將自己的東西用小船從小獵犬號上運往博塔弗戈（Botafogo）。結果小船在靠岸時被海浪沖翻了，達爾文的書籍、儀器和其他一些必需品等全部漂在水裡，所幸什麼東西都沒有損失，達爾文又花了一天的時間將這些東西晒乾。隨後，他像往常一樣，開始整理在巴西境內考察時所採集的標本和補寫的日記等。

在熱帶地區，傳染病是很多的。當時有一種「熱病」，死亡率很高，歐洲人從未見過。因此不到半年，水手就死了三個，達爾文也經受了幾次熱病發作。有一次他燒得非常厲害，這很可能為他後來的心臟造成了永久性的傷害。這也是達爾文在熱帶地區所遇到的許多次意外中的其中一次。

儘管經歷了種種考驗和磨難，這次旅行卻有一個十分有益的成果，對達爾文畢生的事業產生了無比的重要性。儘管他時時為暈船所折磨，但是很快的，他就發現海上生活對頭腦非常有益，這好像很奇怪。對他來說，船艙比基督學院裡那些靜悄悄的房間，更有益於研究學問。他聽取了亨斯洛教授的勸告，隨身帶了一些書，現在可以在船上不被打擾的反覆閱讀，結果他幾乎能背出書中的全部內容。

「我總覺得，這次航行使我的頭腦第一次得到了真正的訓練和教育。」多年後達爾文這樣寫道。

七月五日，小獵犬號在其他軍艦鳴放的友好送別禮炮聲中，終於離開了到處都是處女林的熱帶地區，向南方、向氣候溫和的地帶、向覆蓋著草木植物的海岸駛去。

第七章　環球旅行（二）

無知者比有知者更自信。只有無知者才會自信的斷言，科學永遠不能解決任何問題。

——達爾文

第七章 環球旅行（二）

（一）

西元一八三二年七月二十五日，經過二十天的航行，小獵犬號駛入拉普拉塔（La Plata）的小海灣。海灣裡的水又紅又髒，但是卻很平靜。第二天，船停泊在蒙特維多海灣（Montevideo）。剛一靠岸，達爾文就趕緊在蒙特維多上岸，迫不及待的想要去了解當地的情況。他從城旁的一座小山上放眼望去，只見一片無垠的綠色草原上有一群群放牧的牛羊。

隨後，達爾文向那些遠處可以看到的遼闊的沙漠走去。在路上，達爾文向當地的高楚人詢問當地是否有什麼特殊的動物或植物。

高楚人想了想，回答說：

「這裡的鴕鳥很奇怪，總是許多雌鳥群體下蛋，然後叫雄鳥去孵蛋，雌鳥再去別處群體下蛋。」

達爾文繼續與助手走進沙漠，花了好幾天時間觀看鴕鳥下蛋的情形。經過仔細觀察，達爾文終於弄清楚了，他高興的對助手科文頓說：

「你看，雌鴕鳥三天下一個蛋，一次連續下十幾個蛋，總共要一個月。這裡天熱，隔上一個多月，早下的蛋就會臭掉。所以，牠們就群體下蛋，然後叫雄鴕鳥孵，牠們再到別處繼續下蛋。這樣，之前下的蛋就不會臭了。」

弄清事情的真相後，達爾文十分興奮，因為他很清楚，自己在這次考察中獲得了許多以前不知道的知識。

幾天後，達爾文又到蒙特維多遠郊搜集標本。在那裡，他打死了一隻水豚。這隻龐大的水豚重達四五公斤。另外，他還獲得了一些美麗的蛇和蜥蜴，並搜集了一些他喜愛的甲蟲。

九天後，小獵犬號離開了拉普拉格，沿著海岸向南駛去，這樣方便對海岸進行觀察。然而他們沿途卻遇到了風暴天氣，這種天氣一直持續了一週左右。小獵犬號幾次遇到危險，最終駛入了布蘭卡海灣。

九月二十二日，達爾文一行人在海灣周圍航行。他們來到一個名叫蓬塔阿爾塔的地方。這個地方雖然風景平平，但是天氣晴朗，海水也很平靜。達爾文在這裡繼續進行考察。

直到十月八日，達爾文都在這裡挖掘。他發現了幾個含有貝殼化石和骨化石的山岩，接著又在含石灰質較少的岩石中挖掘出一個大型動物的頭骨。達爾文花了三個小時才弄出這個與犀牛很相似的動物顱骨，後來還挖出一個龐大的頜骨，並根據其牙齒判斷其為大地獺，為早已確定的樹懶科。

讓達爾文感到驚訝的是，所有這些挖掘出來的化石都充分的證明了萊爾觀點的正確性，而災變論者的觀點是錯誤的。

隨後，達爾文懷著興奮的心情寫了一封信給亨斯洛教授，信中描述了這次的搜集品，尤其是關於化石的事，還把這些搜集品寄給亨斯洛教授。

十月十七日，小獵犬號和兩艘已改裝一新的小帆船一起向南出發。兩艘小帆船由斯托克斯和威科姆分別指揮完成勘察任務，而小獵犬號則啟航駛向蒙特維多和布宜諾斯艾利斯（Ciudad Autónoma de Buenos Aires），打算在那裡再補充些食物，然後前往火地島（Provincia de Tierra del Fuego）。

十天後，經過維修和食物補充後的小獵犬號離開布宜諾斯艾利斯，向火地島駛去。

（二）

火地島位於南美洲的南端，在麥哲倫海峽（Strait of Magellan）以南，是一個多山的國家。那裡的懸崖上長滿了茂密的森林，森林地帶高三百公尺至五百公尺，積雪地帶高度可達一千公尺。森林裡的地上堆滿了大量腐爛的小葉植物，腳一踏上就會陷下去。

看到大量已經死去的植物和正在生長的植物交混在一起，達爾文覺得火地島在一定程度上很像熱帶森林。

小獵犬號剛一進入火地島港口，山上就有篝火點燃了，一縷縷青煙升起來。接著，島上一處接一處的飄起青煙。火地島人正在用這種獨特的方式相互通知：有外國人來了。

這裡的人臉上都塗著五顏六色的花紋，他們以部落的形式生存，很多部落的人都以軟體動物為食。男人們經常乘著獨木舟出海去捉海豚和鯨魚，婦女們則潛入水中捉海膽或撈貝殼，有時也坐在獨木舟上釣魚。如果有幸打死一頭海豹或找到一頭死去的鯨魚，對他們來說就是節日了。

在火地島進行考察充滿了危險，有些火地島部落的人對探險者充滿敵意，衝突隨時都會發生，因此需要處處小心謹慎。

經過考察，達爾文發現，這裡的動物很缺乏，樹林中鳥類較少，爬行動物幾乎沒有，甲蟲、蜘蛛和蜜蜂也很少，但是海洋生物卻很多，海藻也十分茂盛，海藻絲上還密密麻麻的黏著一層水螅。各種魚類在海藻叢中都能找到棲息的地方和食物。

第七章 環球旅行（二）

（二）

不過，達爾文還是幸運的在火地島發現了兩種奇特的蜥蜴。其中一種身長幾公尺，腳上長著能在水中游泳的蹼。這種蜥蜴可以游到離岸好幾百公尺遠的地方。達爾文將牠的胃剖開後，發現牠們吃的全是海藻。

另外一種蜥蜴正好相反，腳上沒有蹼，也不會游泳，只能在陸地上生活，並且跑得相當快。這兩種蜥蜴生活在同一片天空下，卻有著完全不一樣的生活習性。

過了西元一八三三年新年後，船員們便乘著兩艘小船深入火地島內陸勘測。小船艱難的逆水而上，繞過許多懸崖險灘，來到一片河灘地上。艦長讓大家休息進餐。大家陸續上岸後，拴好船，便到河灘邊上生火煮飯。達爾文和船員們在河灘上散步，欣賞周圍的景色。

忽然，對岸冰山上的一塊巨型冰塊猛的滑了下來，「轟隆」一聲落入河裡，激起的巨浪向繫在岸邊的小船撲來。船上裝的全是儲備的食物和槍枝。

達爾文見狀，奮不顧身的衝上去死死抓住一艘船的繩頭，拚命的往河灘上拉。其他人見狀，也急忙抓住另外一艘船。由於搶救及時，才保住了兩艘小船，這突如其來的災難沒有對他們造成什麼損失。

第二天，斐茲洛伊艦長召集大家宣布：

「為了表彰昨天達爾文先生的英勇行為，我決定將這片水域命名為『達爾文海峽』。這個名字將被載入我們的勘測圖。」

二月二十六日，小獵犬號駛離火地島，頂著大風向福克蘭群島（Falkland Islands）前進。

在抵達路易港（Port-Louis）之後，他們才獲悉許多殖民地國家現在都在物色以前的無人島。而英國占盡先機，搶先占領了這些島嶼。儘管如此，住在這個島嶼上的全部居民也只有二十四個英國人。

這個島嶼被長在泥炭土壤中的硬草所覆蓋。達爾文在這裡進行了長時間的觀察，發現全島都沒有樹木，而海岸邊上有龐大無毛的海生蛞蝓屬和白色海牛屬所產的卵子，一次產卵居然達到六十萬粒，可是長大的海牛屬動物卻十分罕見。

達爾文特地尋找了長大的海牛屬，也只找到了七個。要讓如此稀有的長大了的海牛屬動物保存下來，得犧牲多少卵子或胚胎啊！達爾文對此進行了思考，他認為，一定是這些軟體動物及牠們的卵容易成為海魚的美食，因此牠們就透過這種大量繁殖的方式來延續後代。這種現象說明，動物也具有適應環境的能力，即適應性。

（三）

幾天後，小獵犬號又向北駛去，停泊在馬爾多納多（Puerto Maldonado）。在這裡，達爾文離開小獵犬號，搬到小城鎮去住了兩個月。

在小鎮裡，達爾文經常外出遊覽彭巴草原（Pampa）。這是一片覆蓋著綠草地的草原，放牧著無數的山羊。他每天都在那裡進行考察整理，對那裡的飛禽走獸和爬行動物了解得很清楚，還搜集了八十多種鳥類標本。

彭巴草原有很多有趣的鳥。當地居民的院牆都是用土築的，有一種造屋鳥總是將這些薄薄的土牆當成土丘來打洞，為居民帶來很大麻煩。土牆很快就被打穿了，可這種鳥似乎沒有厚度概念，換個地方接著再打洞。所以，院牆上就被牠們打出許多圓窟窿。

有一次，達爾文還看到一種非常奇特的剪嘴鳥，牠的嘴部側面看上去就像一柄裁紙刀，而且下嘴部比上嘴部長一些，與其他的鳥截然不一樣。這種鳥成群的掠水飛翔，一看到小魚，馬上就用下嘴將其鏟起，然後用上嘴夾住，把小魚吃下去。

在這裡，達爾文還捕獲了幾隻鹿，並注意到鹿身上散發出的一股濃烈而又經久不散的氣味；他還觀察了少量被嚇破膽的、長著大顎的最大齧齒動物水豚，並特別注意到了在土裡亂竄的、具有鼴鼠習性的小齧齒動物兔科鼠，這種鼠類總是斷斷續續的發出哼哼聲，有的眼睛都瞎掉了，可能是眼角膜發炎所致，但是這並不影響牠們的正常生活。

在彭巴草原，達爾文還看到了許多奇特的自然景觀。在一座沙石小山中，他發現了一種玻璃狀的膠質細管，管子的內面光亮平滑，像玻璃一樣。原來這是閃電打入沙土後形成的。

當地的居民，包括大莊園主人和牧場主人，缺乏知識的程度讓達爾文吃驚。達爾文用羅盤確定方向，讓他們覺得好像遇到了外星人。他們向達爾文提出各種問題，如：地球和太陽哪個在運動？向南去是更熱還是更冷？船上的人為什麼天天都要洗臉等等。達爾文都耐心的替他們解答。

六月末，達爾文帶著他這段時間搜集來的全部標本回到小獵犬號，開始整理從馬爾多納多得到的寶物，並對此進行了簡要說明。這時，當他獲悉斐茲洛伊艦長準備繞過合恩角（Cabo de Hornos）轉向美洲西海岸去考察時，感到很高興。

七月八日，小獵犬號離開馬爾多納多，在電閃雷鳴之中向里奧內格羅（Rionegro）駛去。里奧內格羅河口位於南美洲東海岸的最南部，居住的都是白人。這個河口屢遭印第安人的侵犯，達爾文在這裡見到了幾處被印第安人破壞的牧場，還聽到一些擊退印第安人進攻的故事。

途中，達爾文離開「貝爾格」號，對海岸的地質狀況進行了考察，發現有一些巨礫，似乎是從遙遠的安地斯山脈沖到這裡來的，讓他感到很驚奇。

隨後，他參觀了鹽湖，觀賞了湖上的紅鶴。從高楚人那裡，達爾文還聽說有一種鴕鳥新種代替了普通的南美鴕鳥，這種鳥後來被命名為達爾文雀（Darwin's finches）。個子嬌小，兩腿較短，腿上還長著短短的羽毛，全身的羽毛顏色較深。

達爾文本想去布蘭卡港（Bahía Blanca），但是卻來到了布宜諾斯艾利斯。在那裡稍作停留

第七章 環球旅行（二）

（三）

後，他又回到布蘭卡港，並於八月二十四日等來了小獵犬號。

次日，小獵犬號又向拉普拉諾駛去，達爾文則留下來，步行繼續前往布宜諾斯艾利斯。在蓬塔阿爾塔（Punta Alta），他搜集了許多化石，並至少挖掘出不下五種貧齒目化石：大地懶、副磨齒獸、臀獸、巨爪地懶等。另外，他還發現了一隻披有骨質甲片的大犰狳遺骸，其個頭龐大，南美洲的犰狳也無法與之相比。

這些發現讓達爾文很感興趣，因為這些化石與研究物種起源問題有著密切的關係。在這裡，達爾文認識了四種現代犰狳，其中有三種都分布在更遠的南方，而另外一種是在布蘭卡港以北的地方碰見的。因此，在從北到南的旅途中，達爾文發現哺乳動物和鳥類的相似形態都是互相更替出現的。有關這些近似物種的總起源這種想法，時不時的在達爾文的腦海中出現。

在對動物的研究中，達爾文還去過一個綠草如茵的地方。當地的居民告訴他，這裡的生態平衡相當和諧完善：野草養活家畜，家畜的糞便又滋養了這裡的野草。在附近的瓜亞基爾（Guayaquil），他還發現許多如茴香一樣在歐洲很普遍的植物，還發現了很多西班牙朝鮮薊（Alcachofas），所以達爾文據此又證明了萊爾的一個觀點：

「人類活動是植物分類的一個重要原因。」

(四)

西元一八三三年九月十二日，達爾文又返回布宜諾斯艾利斯。一週後，他沿著巴拉那河（Rio Paraná）到聖菲鎮（Santa Fé）旅行。

十月二日，達爾文來到聖菲鎮。這裡氣候溫和，到處都是高高的商陸樹（Phytolacca dioica），還有一些仙人掌和其他植物的新品種。在這裡，達爾文看到了不少新的鳥類。

後來，他沿著巴拉那河到了東岸聖菲巴亞達，開始對那裡的地質狀況進行考察。他確信，南美洲東岸曾經有一次劇烈的上升。

在動物的遺骸中，達爾文發現了一個龐大的犰狳化石甲殼、箭齒象和鏟齒象的牙齒，還有一顆馬牙。在途中，他聽說了許多關於動物在西元一八二七年至一八三〇年大批死亡的事，這也解釋了他為什麼有時能夠挖到很多被埋葬在一起的動物。

十月十二日，達爾文突然感到頭痛不適，只好乘坐一艘小船返回布宜諾斯艾利斯。沿途路過樹木茂密的群島時，達爾文又看到了許多美洲豹。這種動物在這裡特別多，牠們鋒利的爪子能把樹皮摳下來，還經常襲擊馬、牛等動物和人類。

在布宜諾斯艾利斯沒有等到小獵犬號，達爾文又趕到蒙特維多。十一月四日，他在這裡等到了小獵犬號。但是要到十二月初才啟航，因此達爾文再次上岸，準備用兩週的時間對烏拉圭（Uruguay）進行考察。

第七章 環球旅行（二）

（四）

三天後，達爾文來到了第一個目的地——科洛尼亞·德爾·沙加緬度（Colonia del Sacramento）。在附近的牧場中，他發現了像獅子狗一樣的本地牛「尼亞塔」。這種奇特品種的動物只能進食很高的草類。如果遇到大旱，這些因上唇短而不能吃矮草的動物就會餓死。

此後，達爾文又到了德賽德斯考察。在從德賽德斯返回的途中，他偶然發現了一些古生物殘骸，還有這裡一些地方的名稱，如獸河和巨獸山，表示大量動物都滅絕於此。

十二月七日，小獵犬號離開蒙特維多，往南向巴塔哥尼亞（Patagonia）方向駛去。在這次航行途中出現了一個奇特的現象：無數的白蝴蝶向小獵犬號撲面而來，水手們都說彷佛「下了一場蝴蝶雪」。

在距離連得角不遠的淡水湖中，達爾文還撈到了海中浮游的活甲蟲，其中一部分是淡水棲甲蟲，一部分為陸棲甲蟲。達爾文認為，應該是有一條來自淡水湖的小河在這個地方流進了海裡。

十二月三十日，小獵犬號駛入了好望角，達爾文的面前是一片真正的荒漠。在荒漠斑駁塊體的上面，是一片遼闊的草原，還混雜著淡白色泥土的圓形礫石，地面長著棕褐色的草或多刺的灌木叢。

二十四日這天，達爾文射中了一隻羊駝，耶誕節鮮美的大餐總算有了著落。不知不覺間，達爾文已經在船上度過了一年多的時間，他已經成為一個有一定經驗的博物學家和旅行家了。

由於不斷的搜集研究，達爾文對物質起源這個問題研究日漸透徹。而且因為發現了許多動物化石，以及對其他動物的分布、先前活動跡象等進行了大量詳細的觀察，讓達爾文對萊爾的某些觀點也產生了懷疑。當他還只會採集、收藏時，他就已經表現出對科學執著的追求精神；而現在，作為一名日漸成長的博物學家，他更學會了如何去研究和思考。達爾文的思想在此基礎上變得日漸趨於成熟。

第七章 環球旅行（二）

（四）

第八章　環球旅行（三）

科學就是整理事實，以便從中得出普遍的規律或結論。

——達爾文

第八章 環球旅行（三）

（一）

西元一八三四年一月十二日，小獵犬號開進了寬闊的聖胡利安港（Puerto San Julián）。這個地區的內陸十分荒涼，大家本來已經十分疲憊，可是在這裡卻找不到淡水，都渴得要命。後來，他們登上一個小山丘遠眺，發現距離他們很遠的地方有兩個閃閃發光的湖泊，可是大家都累得筋疲力盡，根本沒有力氣再去那裡找水。如果到那裡後發現是兩個鹹水湖的話，那他們就沒有力氣再走回來了。

最後，達爾文自告奮勇的表示要單獨過去看看，如果有水的話，他就發出信號通知大家。大家都不安的目送著達爾文，看到他在地圖上被人們稱為「渴丘」的丘巔之上走下山，走到一個湖邊。可是他很快就離開了這個湖，又向另一個湖走去，同樣很快又離開了。原來，遠處的兩個貌似「湖」的地方只是鹽的堆積物，根本不是湖。

既然沒有淡水，這裡就不能停留。幾天後，小獵犬號又重新揚帆，向麥哲倫海峽駛去。麥哲倫海峽的兩岸具有過渡性特徵。在這裡，巴塔哥尼亞的生物和火地島的生物混合在一起共同生存著。每個地方的植物都很多，沿途的植物也是隨處可見。

二月初，小獵犬號停泊在飢餓港。隨後，達爾文登上了海拔六百公尺左右的塔爾恩山進行考察。山上樹木茂密，海峽裡暴風怒號，可是山上的樹葉卻一動不動。山上堆滿了大量腐爛樹幹的深溝和河谷，人只要一踏到這些樹幹上就會陷下去。有時想靠一下某些樹幹，但是輕輕一碰這些樹幹就會變得粉碎。

繼續往上走，樹木越來越矮小，到了山頂便光禿禿的什麼都沒有了。站在山頂遠眺，周圍全是一些不規則的山脈，上面點綴著片片雪跡，還能隱約看到綠裡透黃的河谷和一些大海的支流。

「貝克爾」號本來打算去測量火地島的東湖，但是有消息傳來說，高楚人發生了暴動。因此，小獵犬號只好向南拐，繼續測量東火地島的東岸。

在聖塞巴斯堤安港（San Sebastian），達爾文看到了一幅壯觀的景象：無數條口內有齒的抹香鯨正在嬉戲。牠們全身跳出水面後，再側身扣打下去，發出龐大的拍水聲，這種聲音就像大炮發射的聲音一樣。

小獵犬號繞過位於東火地島東南端的聖地牙哥角時，陷入了一個又大又危險的漩渦。小獵犬號在漩渦中左右搖晃，最後被沖到烏拉斯圖島。

達爾文以前曾在這裡碰到過最可憐的火地島人。這些部落完全處於未開化的狀態，彼此之間都會為一片荒無人煙的地帶或中立地區所隔離，相互爭奪那少得可憐的生活資源，懸崖下和海岸上的貝殼、魚類和海豹等。同處於原始狀態的人的多次相見，讓達爾文開始捫心自問：我們的祖先以前就是這樣子嗎？我們對他們的手勢、動作和表情的了解，還不如對家畜了解得多！

二月二十六日，小獵犬號進入他們曾經探過險的貝格爾河。三月初，達爾文和斐茲洛伊艦長在一個晴朗的日子一起參觀了朋松布海峽的北部，還參觀了富里亞海港。隨後，小獵犬號又停泊在福克蘭群島附近的巴爾克里灣。

第八章 環球旅行（三）

（一）

在這裡，達爾文帶著兩名高楚人，環繞該島進行考察。他在途中經常碰到一小群大雁和田鷸（Gallinago gallinago）。而野牛和從前法國人運到這裡的馬匹卻引起了達爾文的注意。他看到高楚人靈活的用繩子套住野牛，用刀刺牛的後腿跟腱，剎那間就將刀刺入牛的脊髓頂端，然後將野牛殺死。達爾文與高楚人一起分享了一頓野牛肉，連皮都燒烤著吃掉了。

達爾文發現，在福克蘭群島上，野牛在不斷增多，而且健壯結實；可是野馬卻在不斷退化，許多野馬都患上了跛腳病。達爾文認為，馬的跛腳病是由蹄子變長引起的。這些都顯示，有一類型的生物能比其他類型的生物更能適應新的生存環境。

這次考察是十分艱苦的，因為一開始他們就遭遇了幾場夾雜著冰雹和雪的大雨，但是高楚人對環境的適應能力很強，能在毫無防風措施的情況下將火吹旺，燃起篝火。後來雖然天氣日漸暖和，可是隨行的馬匹卻經常滑倒，達爾文的馬就滑倒了十幾次之多。無奈之下，達爾文一行人只好涉水經過海灣進行考察。

（二）

四月七日，小獵犬號起錨，向巴塔哥尼亞駛去。十三日，停泊在聖克魯斯河（Santa Cruz）。

四月十八日，斐茲洛伊艦長帶著二十五名船員乘坐三艘捕鯨船，動身沿著聖克魯斯河上游對該河進行考察。

河谷中都是光禿禿的沙漠，上面稀稀疏疏的長著一些毫無生氣的植物和帶刺的灌木。在各種動物之中，以羊駝最多，沿途他們還發現許多脖子脫臼和骨折的羊駝骨骼，這是天空中的禿鷲、白兀鷲和地上的美洲獅共同的戰績。灌木叢中還有許多經常受到小狐狸追逐的小鼠，牠們長著一對大耳朵和一身軟軟的毛。

此後，達爾文一行人又發現了這裡的一些新情況。這裡的地質情況發生了變化，稀疏的小玄武岩礫石沒有了，出現了更堅硬的石塊，然後是一整座玄武岩地台，河水穿過它們流動。玄武岩的厚度顯著增大。達爾文認為，這是海底上升，河水又找到了另外的通道所造成的結果。

二十九日，科迪勒拉山脈（Cordillera Americana）的一群雪峰出現在地平線上。一開始時，達爾文遇到了大量的斑岩礫石。根據地質情況進行考察後，達爾文認為，從前這裡可能是一片大海，當時這些斑岩礫石就在浮動的冰塊上被沖來了。

五月初，達爾文等人開始返回。至此，對南美洲東岸曠日持久的測量工作終於結束了。月

第八章 環球旅行（三）

（二）

底，小獵犬號第二次進入麥哲倫海峽，經麥哲倫海峽向西岸駛去。

六月八日，小獵犬號駛入不久前發現的馬格爾雷納河，並經馬格爾雷納河來到塔爾那角。那裡的岩石、冰雪、風、水都令人生畏。不過到了早晨，覆蓋著一層薄雪的薩爾明托山又顯露出來，山麓下是一片片陰森的樹林和一條條通往海邊的冰川。

六月十日，小獵犬號又從兩大懸崖——東符里島和西符里島之間進入太平洋。

經過半個多月的航行，六月二十八日，小獵犬號在奇洛埃島（Isla de Chiloé）上的聖卡爾洛斯港灣（San Carlos）停泊。奇洛埃是個山巒起伏的大島，到處都被密林覆蓋著，生長著各種常綠樹木和熱帶植物。島上的居民是具有印第安血統的混血人，使用著最原始的工具開墾那裡的土地。他們的主要食物是魚類、馬鈴薯和肉類等。

七月十四日，小獵犬號離開了這個潮濕多雨的地方，於二十三日到達智利的主要海港瓦爾帕萊索（Valparaíso）。這個地名原意為「天堂中的河谷」。從陰鬱的火地島來到這裡，人們頓時感到心曠神怡，真有一種進入「天堂」的感覺。

智利是安地斯山脈和太平洋之間的一條狹長地帶，這條地帶又被幾條與主脈平行的山脈隔開。幾個最大的城市就位於這些山脈中間的盆地中。

一個月後，達爾文開始出發去考察安地斯山脈（Cordillera de los Andes）的地質構造。在西海岸，現代的貝殼在距離海面幾百公尺高的地方出現，有些貝殼在離海幾乎有四百公尺高的地方出現。達爾文發現，這些貝殼存在在黑裡透紅的土壤層原來是海裡的淤泥，裡面還充滿著微小海洋生物的殘存物。由此他斷定，這個地方應該有著大規模海岸上升的歷史。

達爾文還注意觀察了這裡許多動物的習性和生活的有趣情形。乾燥和荒蕪的山岳上的灌木叢中，生活著一種燕科的鳥，智利人都稱其為「土耳其鳥」。牠總是筆直的翹起尾巴，急速的挪動著高蹺一般的長腿，一蹦一跳的從一個土丘跑到另一個土丘。

還有一種燕科的鳥，智利人稱其為「塔巴克羅」，意思是遮住後背。這種鳥總是將尾巴彎在背上，然後急速的從一棵灌木跳到另一棵灌木上，還時常發出不一樣的叫聲，十分美妙。

在瓦爾帕萊索停留的數月裡，達爾文最高興的事就是收到了一封姐姐卡洛琳寫來的信，信中告訴他一連串的好消息：

第一件是達爾文的名字第一次出現在英國報紙《泰晤士報》上，寫的是他將標本寄給亨斯洛教授的事情。不過，報紙卻將他和亨斯洛教授的名字都拼錯了，達爾文被拼成了「達爾森」，亨斯洛被拼成了「亨爾頓」。儘管如此，達爾文還是非常高興。

第二件事是倫敦博物館館長認真的研究了達爾文寄回去的各種化石，對其價值給予了極高的評價。

（三）

西元一八三四年十月，達爾文突然病倒了，躺在床上昏昏沉沉了半個多月才恢復過來。病情好轉後，達爾文決定對安地斯山脈進行一個月的探險。儘管艦長反對他這樣做，因為那裡山連山、峰連峰，一共有八千公里長，人很難闖過去。但是達爾文下定了決心，一定要親自去那裡考察。

艦長被達爾文的熱情和信念所感動，為他派了兩個嚮導、十頭騾子和一匹馬，組成了一個登山隊。

當他們登上海拔四千兩百公尺的高峰時，達爾文發現了貝殼的化石。這些曾經在海底爬行的軟體動物，現在怎麼會升到這麼高的山上來呢？達爾文經過研究推敲，確定這是安地斯山逐漸上升的緣故。他認為，腳下的這座高山原本應該是一片汪洋大海。這一重要的發現，也讓達爾文對安地斯山形成的歷史有了較為清晰的認識。

由於氣壓的變化，越往高處攀登，空氣越稀薄，氣候也越冷。每前進一步，都要大口大口的喘氣。但是最讓人苦惱的是，帶上去的馬鈴薯無法煮爛，他們不得不吃下半生不熟的馬鈴薯充飢。

就這樣，他們忍受著難以想像的困難，艱難的爬過終年積雪的地帶後，登上了安地斯山的峰頂。

在安地斯山的頂峰，達爾文獨自沿著山脊走了約一公里半，發現了被北冰洋航海家稱為紅雪的植物。它們是由一種個體極其微小的雪球藻所組成。在北極一帶，這種藻經常會將雪染成紅色。

翻越安地斯山進行考察，達爾文印象最深的是兩側的生物明顯不一樣，即使同一品種之間差別也很大。按照環境條件，兩側幾乎都處於相同的經度上，氣候和土壤也都差不多，為什麼竟然有這樣明顯的不同呢？

而且，安地斯山脈東坡山谷中的植物和動物，與較遠的巴塔哥尼亞的生物非常相像。犰狳、鴕鳥等，都帶有彭巴草原的動物特徵；而達爾文在西側的智利連一個這樣的物種也沒發現。

這一切似乎顯示，對生物分布來說，山脈造成的障礙要比距離的遙遠更龐大。不過達爾文並沒有急著下結論，而是半信半疑的將這些問題刻在腦海當中。

經過二十四天的艱苦考察，達爾文終於穿越安地斯山脈，在通過一片浩瀚的動植物分布區之後，又回到了瓦爾帕萊索。他很清楚，雖然這次考察收穫頗豐，但是要真正弄清楚這座山脈的真相，還要經過多年的努力才行。

十一月三十一日，考察隊又來到卡斯楚。這裡曾是奇洛埃島的古都，但是當時已經變成一個非常荒涼的地方了，總共也只有幾百名居民在這裡生活。

在這裡，達爾文發現一種很特別的植物，名叫龐克。它的主幹高有一公尺多，長著四五個齒狀的圓葉子，直徑超過二公尺，周長也在六公尺以上。

第八章 環球旅行（三）

（三）

十二月六日，他們又來到南島聖佩德羅（San Pedro），小獵犬號已經在那裡靠岸。當其中的兩名軍官用經緯儀在進行測量工作時，這個島上特有的一種狐狸，其中的一隻聚精會神的注視著軍官們的工作。達爾文偷偷走到牠的背後，用地質錘朝牠的頭部重擊了一下，打死了這隻狐狸。就這樣，這個島上特有的狐狸被發現了。

十二月十日，達爾文回到小獵犬號，並隨小獵犬號於十三日到達了喬諾斯群島（Archipiélago de los Chonos）。不巧的是，那裡颳起了可怕的「不亞於火地島」的風暴，船根本無法通行，小獵犬號只好調頭北行。

十二月二十日，小獵犬號停泊在靠近特列蒙特斯角以北的一處海港。海港附近是一座海拔五百公尺高的、形似塔狀的正圓錐形的山丘，十分險峻。達爾文在這裡爬上了山頂。他在《航海日記》中這樣寫到：

在這荒涼的地方，能夠爬上一座山的山頂，會使人感到某種不尋常的快樂。只要我總是不安的期待看到某種新東西，這種期待總是落空；而當我有新的打算時，這種期待還總是一定會出現。任何一個人都知道，當我們從高山上眺望展現在我們面前的宏偉壯觀景色時，我們心頭都會洋溢著勝利和驕傲。而在這些處女般聖潔、人跡罕至的地方，你會聯想你可能是第一個站在這座山頂上欣賞風景的人，你的心中還會增添某種榮譽感。

十二月三十日，小獵犬號在特列蒙特斯半島最北端附近的小港靠岸了。次日，達爾文又爬上了海拔七百公尺的高山，從那裡可以清晰的看到花崗岩組成的科迪勒拉山脈的主脈，花崗岩上還覆蓋著一層雲母石岩，而雲母石岩早已形成了宛若手指一般的垛口。

（四）

西元一八三五年初，小獵犬號圍著特列蒙特斯半島港灣繞行一周，途中他們看到許多海豹。還有一些海燕、海鷗在海上飛來飛去，鸕鶿在水中游來游去，捕捉魚類。

小獵犬號在喬諾斯群島停泊了一週。達爾文發現，這個島上的樹木更像火地島上的樹木；此外還有許多苔蘚植物、地衣植物和小型的蕨類植物。在西海岸群島，泥岩形成的過程與火地島也一樣迅速。

達爾文還注意到島上的兩種水棲動物：一種是小海獺，不僅吃魚類，還捕食一些漂浮的小螃蟹；另一種是長著又大又長尾巴的齧齒動物，有著漂亮的皮毛。

這裡還有一種紅胸脯的鳥引起了達爾文的主意，牠們經常出沒在奇洛埃島和喬諾斯群島上。由於牠們的叫聲不一樣，當地人就認為牠們的叫聲有吉有凶。

還有一種身體較大、叫聲像狗的「吉得吉得」鳥。巧的是，這種鳥與智利中部的土耳其鳥和塔巴克羅鳥有著血緣關係。

一月十九日晚上，奧索爾諾火山（Volcán Osorno）爆發了，達爾文感到十分慶幸，因為他有機會可以看到這一奇異而又壯觀的景色。火山直到凌晨才停止噴發。後來達爾文聽說，屬於科迪勒拉山脈最大的一個火山在當天夜裡也爆發了，它叫亞康卡古山。六小時後，其北部四千三百公里處的科休古納火山也爆發了。隨之而來的，就是一場龐大的地震。

地震發生時，達爾文正在海邊的樹林裡休息，忽然他感到大地活動起來，樹木像是在大風中搖晃，海裡也掀起了巨浪，向岸上直捲過來，岸上的一切都被海浪捲走了。海水像沸騰了一樣，散發出一股強烈的硫磺味。

地震結束後，達爾文觀察到，地震使海岸上升了大約六十至九十公釐，有些島升得更多。因為前些天居民要鑽到海底才能撈到貝殼，而現在在離地面幾公尺高的岩石上到處都能撿到貝殼。

由地震引發的陸地上升現象，達爾文見過很多次了，但是這次給他的印象最為深刻。在旅行的幾年當中，他對萊爾的某些地質理論越加堅信了。

三月十一日，小獵犬號抵達了瓦爾帕萊索。不久，達爾文就再次出發，準備翻越科迪勒拉山脈。在聖地牙哥時他就做好了一切必要的準備。達爾文從平常人們在這裡通過的兩個山口中挑選了一個最近的山口——波爾季利奧山口，以便在歸途中可以更加容易的越過另一個烏斯帕拉塔山口。

三月十八日，達爾文帶著一名嚮導和一名趕著幾匹騾子的人，好不容易才到達了肥沃的馬伊普河河谷。

在科迪勒拉山脈河谷的周圍，達爾文發現了一些由礫石和沙土組成的土壤，這些與在南美東岸的情況一樣，原因依然是海岸的上升所致。

在攀登科迪勒拉山脈時，達爾文遇到了許多牛群，當地的牧民正把牠們往山下趕。向上爬時，植物逐漸減少了，但是卻能看到一些漂亮的山花，而禽獸和昆蟲幾乎看不到。

（四）

一直到二十日的晚上，達爾文才到達耶耐谷。這個谷地形如一口鐵鍋，有很多石膏，因此也被稱為石膏谷地，石膏厚度達一千多公尺。山脈將許多河流都分成兩支，分別流入大西洋和太平洋。他沿著彼烏科涅斯山脈前行，這裡的道路崎嶇不平，特別難走。在山脈的中部，有紅沙層、礫岩層和變為厚石膏層的石灰質的泥頁岩，覆蓋在龐大的斑岩上。

第二天中午時分，達爾文開始攀登彼烏科涅斯山脈，在這裡立即就感到了呼吸困難。同伴勸達爾文吃根蔥來克服呼吸困難，但是在這方面最有效的是貝化石，因為達爾文在搜集貝化石的時候馬上就會「忘掉」呼吸困難。

越接近山頂風越大，達爾文的考察隊進入了常年積雪的地帶。憑著博物學家敏銳的眼睛，達爾文注意到好像有血跡斑斑的騾蹄印留在雪上的紅色蹤跡。起初達爾文認為是從周圍的斑岩上吹過來的灰塵所造成的。他用雪在紙上一擦，紙面上就留下一種略微帶有磚紅色的淡玫瑰色的痕跡。後來，他把殘跡從紙上刮下來才發現，落下來的是由極其微小的水草微粒體所組成的，它們能夠把雪地染成紅色。

傍晚，他們只好宿營在兩條主山脈中間的一個山地裡。翌日清晨，達爾文和同伴穿過中間的谷地，開始第二次攀登第二個主脈，即向位於海拔四千多公尺的波爾季利奧山脈的山口攀登。這是一次為時很久的極其艱難的攀登。左右兩邊都聳立著險峻的圓錐形紅花崗岩的山丘，下面則是常年覆蓋積雪的遼闊的土地。

當天色黑下來後，天空的雲塊忽然全部消散，一輪皎潔的明月照耀著龐大的群山，山上有一種澄明、靜寂的仙境般的感覺。

三月二十九日，達爾文途徑烏斯帕利亞塔山口返回智利。烏斯帕利亞塔山脈在門多薩的北面，達爾文不得不在有些地方長滿低矮的仙人掌的不毛荒漠裡步行七十多公里。這個山脈的地質構造與太平洋海岸的第三季地層相似，達爾文設想這裡應該有石化的樹木遺跡。的確，在近兩千公尺的高處，光禿禿的山坡上有幾根彼此距離不遠的雪白柱子，這正是南美杉科石化了的樹木。這一景象讓達爾文印象十分深刻。

四月十日，達爾文到達聖地牙哥。幾天後，他又回到瓦爾帕萊索。兩週後，他決定再到智利北部旅行，預定路線是沿海城市科舍博、瓦斯科（Huasco）和科皮亞波（Copiapó），而科皮亞波這一站，小獵犬號必須到達，這樣就能把達爾文接走。

這一時期，達爾文主要進行地質調查，他最感興趣的是階梯型的礫石階地。這些階地都證明了是由海水沖刷形成的，並證明了陸地逐漸上升的過程。

六月十二日，達爾文終於到達了科皮亞波，可是小獵犬號還未到達，於是他又去考察了「無人谷」。

七月四日，達爾文登上了小獵犬號向祕魯駛去。八天後，小獵犬號停泊了在祕魯的海灣伊基克港（Iquique）。

當時祕魯的國家正處於無政府狀態，都在爭權奪利，達爾文只能十分遺憾的到利馬去了一趟。在那裡，他仔細的觀看了古祕魯人村莊的廢墟、灌溉渠和古墓，這些都讓他聯想到：在歐洲人到來之前，這裡居住的古代民族已具有很高的文化水準了。

第九章　航海考察的勝利結束

如果說我有什麼功績的話，那不是我有才能的結果，而是勤奮有毅力的結果。

——達爾文

第九章　航海考察的勝利結束

（一）

（一）

西元一八三五年秋，小獵犬號結束了南美洲西海岸的考察，駛向加拉巴哥群島(Archipiélago de Colón)。

這個島嶼位於赤道線上，距離美洲西部很遠，完全是一些火山島，島上有各種大大小小的火山口。由於南極的氣流光顧島嶼，使島上不至於像赤道附近那樣經常出現高溫。

達爾文登上的第一個島是查塔姆島（Chatham Island）。島上荒無人煙，是一片黑色玄武岩的原野，地勢高低起伏，到處都是龐大的裂縫。島上也沒有樹木，只有一些低矮的灌木，偶爾能看到洋槐樹和仙人掌。

不過，達爾文還是在這裡見到了兩隻大烏龜，每隻至少都有九十公斤以上。牠們特別能喝水，將喝入的水都儲存在心膜和膀胱裡。在這個荒原之上，兩隻烏龜在達爾文看來就像是某種有生命的礦物一樣。

九月二十三日，小獵犬號駛入查爾斯島。這裡有很多來自厄瓜多有色種族的流放犯，居住在將近三百公尺高的一個有幾百人的殖民區中。在那裡，有碧綠而茂盛的植物和黑色的土壤。

十月二十八日，小獵犬號繞過阿爾貝島的西南端，通過該島和納爾伯多島之間的海面，停泊在阿爾貝島的邦克灣。

第二天一早，達爾文就上岸去考察那裡的一個橢圓形火山口了。在火山口底下，有一個藍色的淺湖，湖水很鹹。沿岸的懸崖上，達爾文還看到許多蜥蜴，呈棕褐色，有一公尺多長。有趣的是，這些蜥蜴的腳上居然長著蹼，還會游泳。牠們伏在高低不平的岩石上，用腳爪緊緊勾住岩石，爬起來十分靈活。在水裡游泳時也很出色，全身和尾巴都搖來搖去的。達爾文捉到了一隻，剖開牠們的胃，發現牠們吃的幾乎都是海中的藻類。

島上還有不少陸棲蜥蜴，尾巴很粗，但是腳上無蹼，也不會游泳，牠們都鑽在岩石間的洞裡。達爾文同樣解剖了牠們，發現牠們吃的是樹葉，主要是合歡樹的葉子。

透過調查，達爾文發現，這座小島上居住著一些在其他地方看不到的鳥類、爬蟲類和其他生物，牠們具有十分獨特的模式，這點讓達爾文興趣盎然。

達爾文推測，從島上的烏龜與其他地方烏龜的差別上看，雖然牠們距離相隔很遠，但是這些生物與美洲生物之間有著明顯的親戚關係。達爾文在當時就得出這樣的推測是很不簡單的，後來這種推測也得到了證實。

達爾文還在這裡搜集了二十五種鳥類的代表，都是其他地方未發現的。有趣的是，達爾文對其中的十三種雀類的嘴巴、體形、羽毛和尾巴等進行比較後，得出這樣的結論：這十三種不同的雀都是由同一種祖先演變來的。

他還搜集了一百八十五種顯花植物，其中有一百種是當地所特有的，也有一些是從美洲移植過來的。達爾文認為，大多數的動植物都是當地特有的，這些與智利北部地方巴塔哥尼亞地區的動植物十分相像。

第九章 航海考察的勝利結束

（一）

所有這些觀察對達爾文演化論觀點的形成都具有重大意義。群島上的動植物情況並非理論家所描述的那樣，相反的，加拉巴哥群島上的生物與美洲的形態十分相似；而維德角群島上的生物則與靠近大陸的生物相近。據此，達爾文有理由認為，它們都是由一個共同的根源產生的，所以物種是可變的，也是可演化的。

可是，加拉巴哥群島上的基本生物為何會按美洲類型的生物演變而來呢？這讓達爾文陷入了深思。

西元一八三五年十一月十五日，達爾文又乘著小獵犬號從加拉巴哥群島出發，抵達了歷史上十分著名的大溪地（Tahiti）。

（二）

大溪地森林茂密，景色優美，低地上長滿了非常好看的熱帶植物——香蕉樹、椰子樹、麵包樹、柳丁樹等。在開闢出來的空地上，當地居民還種上了參薯（Dioscorea alata）、西洋甘薯和鳳梨等。

島上的居民都很友好，一看到小獵犬號，就紛紛划著小船過來要與船上的人做生意。他們還用香蕉、鳳梨和嫩椰子等招待船上的人。

兩天後，小獵犬號就駛離了大溪地，向紐西蘭出發。在浩瀚的太平洋上航行了一個多月，十二月十九日，紐西蘭出現在小獵犬號的面前。二十日，小獵犬號駛入了紐西蘭北島的群島灣(Bay of Islands)。

紐西蘭是個外形柔和、崗巒起伏的國家，被許多海灣切成一塊一塊的，近處則被許多蕨類植物覆蓋，遠處是一片片茂密的森林。

第二天，達爾文就繼續外出考察了。這次考察並不輕鬆，因為沿途都長滿了蕨類植物和灌木，小河和海灣也不斷的截斷道路。

十二月二十三日，達爾文乘坐一條小船到了一個名叫惠馬特的小地方進行了一次短途旅行。這裡土地肥沃，有火山土壤，蕨類植物生長旺盛。在茂密的樹林中，達爾文還看到了高大的貝殼杉（Agathis）。這種樹幹高達七八公尺，上下都一樣粗，樹幹極其光滑。樹林十分茂密，幾乎沒

第九章 航海考察的勝利結束（二）

有什麼鳥生存。

十二月二十五日，達爾文在納西亞村度過了耶誕節，第二天又坐著小船沿卡瓦勞河（Kawarau）逆流而上，拜訪了好幾個村子，還查看了當地的一些石灰岩，隨後返回到小獵犬號。

三十日，小獵犬號離開紐西蘭駛向雪梨（Sydney）。

西元一八三六年一月十二日，小獵犬號到達澳洲，停泊在雪梨港。當天晚上，達爾文就在城裡散步。

休息了幾天後，一月十七日，達爾文乘小船渡過了尼比翁河，不久就到達了藍山（Blue Mountains）腳下。藍山是超出海濱低地的一座砂岩高地，從高向下看，下面是一片遼闊的森林，風景秀麗。

達爾文離開高地，穿過芒特·唯古圖里亞通道，來到一個樹木稀少、綠草茂密的地方，在邊區的一個養羊場停了下來。在這裡，他想捕捉幾隻袋鼠，但是沒捉到，只捉到了一隻家鼠。他還看了一些白鸚鵡和一些其他的鳥，不過最讓他感興趣的還是古生物鴨嘴獸。

鴨嘴獸是單孔目哺乳動物，與爬行動物相似，怎麼會在澳洲保存下來了呢？多年後達爾文弄清了其中的奧祕：原來澳洲與其他幾個大陸分開久了，那時地球上還沒有高等動物，但是已形成了最低等的哺乳動物——有袋動物和卵胎生哺乳生物。這些生物在澳洲的發展與其他大陸上的哺乳動物演化並不相關。因此牠們也成為這裡最高等的動物，並形成了不一樣的模式：食草動物和食肉動物、草原動物和林地動物。

一月三十日，小獵犬號離開雪梨港，駛向塔斯馬尼亞（Tasmania），並在這裡停留了十多天，達爾文主要在這裡研究當地的地質狀況。

三月六日，小獵犬號又來到了澳洲最西南角的喬治王灣（King George Bay），在這裡停留了八天。這裡是讓達爾文感到十分無聊的地方，因為這裡的植物貧乏而單調，沒有任何有意義的地方可以考察。

四月一日，小獵犬號駛入北基林島（North Keeling）和它封閉在內部的圓形礁湖。礁湖湖水清澈，水底是潔淨的白沙。礁的四周長滿了茂盛的植物，將湖水映襯出一片碧綠色。

北基林島的附近有許多小島，達爾文登上了其中的一個小島。在這裡，他觀看了居民是如何坐著小船捕捉海龜的情景，達爾文在日記中十分激動的記錄了當時的印象：

……我很難解釋，為什麼這些珊瑚島的外側海岸景象總是讓我感到極其偉大。在這類似壁壘的岩岸，在這綠色的灌木叢和高大的椰子樹邊緣，在那大片緊實的、到處都散布著龐大碎塊的死珊瑚岩上，最後還有在那從四面八方襲擊來的巨浪中，包含有多少純潔的未被人涉足的地方。大洋的波浪拋送到寬闊的珊瑚礁之外，就好像一個不可戰勝、強大無比的敵人一樣。可是眼前可以看到，人類仍舊可以用一種方法來抵擋它，甚至去攻擊它。雖然這種方法起初看起來好像是軟弱無力而不中用一樣……。

在島上，達爾文搜集了大量的蜘蛛和昆蟲，還有一隻蜥蜴、一隻沙雞和一隻麻鷸。這裡還有許多寄居蟹爬來爬去，樹上還棲息著一些海鳥、熱帶鳥、燕鷗等。

第九章 航海考察的勝利結束

（二）

四月六日，達爾文還考察了西島。這裡的植物比其他地方要多一些，乾燥的陸地上有一些進食椰子的陸地椰蟹。達爾文仔細的觀察了牠們吃椰子的情況，並進行了記錄。他還觀察了兩種藍綠色的魚經常咬破珊瑚並以珊瑚為食物的情形，觀察了許多生活在珊瑚礁中的無脊椎動物。

這次考察，形成了達爾文關於珊瑚島起源的著名理論的初稿。

（三）

西元一八三六年四月二十九日清晨，小獵犬號繞過模里西斯島（Mauritius Island）北端，沿岸是一片傾斜的平原，上面有甘蔗種植園。島中央聳立著幾座高山，尖尖的山頂，山上滿是樹木，風景不錯。

小獵犬號從南邊繞過馬達加斯加（Madagascar）後，在納塔爾（Province of Natal）附近抵達非洲海岸，在非洲海岸附近比較遼闊的地帶航行，一個月後停泊在斯蒙斯灣。

第二天，達爾文就到了距離斯蒙斯灣二十海里的卡普什塔德特。這裡有幼小的蘇格蘭雲杉林和低矮的、葉子發黃了的橡樹林，這些雲杉林和橡樹林都散發著一陣陣秋天才有的樹木氣息，讓懷念家鄉的達爾文倍感親切。

六月四日，達爾文僱了兩匹馬和一個年輕人做嚮導，進行了一次路途較長的旅行。在這次旅行中，達爾文了解非洲南部的植物、土壤、地質構造以及動物化石群的某些標本特徵等。

六月中旬，小獵犬號駛離了斯蒙斯灣，七月八日到達了聖凱倫拿島（Saint Helena）。在這個島上停留的四天中，達爾文從早到晚在島上漫遊，考察這個島上的地質構造。島上百分之九十的植物都是從英國移植來的，可是英國人只運送了一些鷓鴣和野鴨來這裡，所以島上的鳥類和昆蟲都少得可憐。

這裡曾生長過森林，但是被十六世紀初運到這裡且繁殖很快的山羊和野豬毀滅了。這種情況

第九章 航海考察的勝利結束

（三）

還影響到了軟體動物的生存。達爾文發現，在島上有八種陸生軟體動物只剩下了空殼，埋藏在土壤中。這些軟體動物是由於森林被毀滅而滅絕的。

七月中旬，小獵犬號到達了亞森松島。在高低不平的黑色熔岩表面上，聳立著一個個紅色的被切斷的圓錐形山丘。這些紅色山丘的中心還圍繞著一個最大的綠色山丘。

第二天，達爾文就登上了這個海拔八百公尺的山丘。上面十分荒蕪，有些地方有著綠草、上面有牛羊放牧、山丘上還有許多家鼠。

在這期間，達爾文收到了妹妹凱薩琳的信。信中說地質學家賽奇威克見到了父親，告訴他達爾文將在科學家中占據顯要的位置。這讓達爾文感到很愉悅，能得到賽奇威克這樣的地質學大家的讚賞，那可是件了不起的事啊！

由於小獵犬號測量的資料對確定經度存在一些矛盾，斐茲洛伊艦長認為在回英國前應該澈底弄清楚這些問題，因此下令小獵犬號又向西、向南、向西，又向巴西方向駛去。這讓思鄉心切的達爾文和船員們都非常沮喪。

八月十九日，小獵犬號終於離開了巴西，達爾文頓時心情大好，他終於可以向回鄉的方向前進了

八月底，小獵犬號在培亞港（Porto da Praia）停留了四天，然後又繼續行駛，於九月二十日抵達亞速爾群島（Açores）。第二天，達爾文在一位嚮導的帶領下，到這個島的中心進行了一次旅行。那裡有一座活火山，附近的景色、植物、昆蟲和鳥類等，都讓達爾文覺得很像威爾斯山

上的一個地方。

九月二十四日，小獵犬號到達聖米卡艾爾西岸。在這裡，小獵犬號將直接向英國方向啟航。

西元一八三六年十月三日，小獵犬號在英國海岸的法爾茅斯（Falmouth）靠岸，達爾文和船員們歷經五年的環球旅行後，終於回到了家鄉，這讓他們都感到興奮和激動。

當天夜裡，儘管下著大雨，但是達爾文還是告別了陪伴他五年的斐茲洛伊艦長、全體船員和載著他遊歷的小獵犬號，乘坐馬車向家中趕去。十月五日，達爾文回到了什魯斯伯里。他五年的航海冒險生涯就此結束了。

第九章 航海考察的勝利結束

（三）

第十章　歸國後的忙碌生活

談到名聲、榮譽、快樂、財富這些東西，如果和友情相比，這些都是塵土。

——達爾文

第十章 歸國後的忙碌生活

（一）

（一）

西元一八三六年十月五日，達爾文回到什魯斯伯里的家中時，一家人正在吃早飯。這時，達爾文推門走了進來，並用相當響亮的嗓門喊了一句：

「爸爸，我回來了！」

正在吃飯的羅伯特醫生愣了一下，接著抬頭仔細看了看門口的年輕人，原來回來的正是離家五年的兒子查爾斯．達爾文！

羅伯特醫生趕緊放下刀叉，站起來快步走過去拉住達爾文，激動的說：

「啊，查爾斯！原來是你回來了！快，快進來，站在門口幹嘛？」

沒等他的話音落下，早就看見哥哥進來的凱薩琳一把提過了達爾文手中的提箱。

「來來，快坐下吃早飯，你是剛剛下船嗎？」羅伯特醫生高興的問道，邊說話還邊不斷的打量著這個讓他日思夜想的小兒子。

在達爾文外出旅行這幾年中，羅伯特醫生已經逐漸承認了這樣一個事實：讓這個兒子當牧師顯然是不可能了。但是他時常會接到達爾文獲得驚人科學成就的好消息，這也讓他感到安慰。看來，這個年輕人不久就能使他著名的祖父相形見絀了。

不過，羅伯特醫生卻沒有料到兒子外表發生的驚人變化。在出發前，達爾文是個面色白皙、活潑愉快、稍微有點胖的年輕人；而現在歸來的達爾文經過將近五年的海上漂泊，已經消瘦得近乎憔悴了。他的臉被熱帶的太陽晒成了棕褐色；頭髮有些稀疏甚至出現了禿頂，這讓他高高隆起的前額更顯眼了；鼻子與嘴巴之間出現了深深的皺紋；眼睛的神采也大都消失了。這一切變化讓他看上去要比實際年齡蒼老得多。

儘管如此，家人還是對達爾文的歸來感到由衷的高興，就連僕人都為少爺的平安歸來而高興。全家人為了表示祝賀，將羅伯特醫生在家中不許飲酒的規矩都打破了，一個個都高興的喝起了慶祝酒。就連平時滴酒不沾的羅伯特醫生，也因為高興而小酌了一杯葡萄酒。

狂歡了一整天，晚餐過後，羅伯特醫生將兒子叫到自己的書房，他想問問達爾文今後有什麼打算。

達爾文告訴父親，對於未來他還沒有仔細考慮，但是他心中隱約有個願望，那就是想獻身科學。

達爾文說，自己這次回來後要做的事情很多，比如要將從考察中帶回來的大量標本進行分類整理和描述，還要利用在旅行中所寫的日記出版小獵犬號環球考察記，還要研究大量資料寫論文等等。

羅伯特醫生看著一講起這些就眉飛色舞的達爾文，心裡也感到由衷的高興和自豪。喬賽亞說得對，達爾文是那種很執著的孩子，只要他認定的事，就一定會堅持到底，而自己這個做父親的更應該支持他。

回到家休息幾天後，達爾文向斐茲洛伊艦長寫了一封信，詢問艦長是否平安到港，並向艦長

第十章 歸國後的忙碌生活

（一）

提到了自己三四天後將回到倫敦。隨後，他又寫了一封信給亨斯洛教授，向教授匯報了自己的情況，也說出了他的困難：他不得不在三四天內趕回倫敦，因為小獵犬號要在港口遣散人手，他必須盡快從艦上運下他存放在那裡的物件和大量的標本。而且更困難的是，他現在急需一個能在科學研究領域給予他指導的人。

就這樣，達爾文在家待了幾天後，就又匆忙的向倫敦趕去。

（二）

西元一八三六年十月十四日，達爾文在哥哥伊拉斯謨斯的陪同下趕到了倫敦，但是得知小獵犬號要十八號才會抵達，於是達爾文就想利用這幾天的時間去拜訪一下亨斯洛教授。他有許多問題需要與亨斯洛教授討論一下，比如如何處理他在航海期間寄存在劍橋及即將從小獵犬號上卸下的大量採集品，還想聽取一下教授關於他今後工作計畫的意見和建議。

十五日下午，達爾文去拜訪了亨斯洛教授。教授見達爾文平安回來很高興，盛情的招待了他。

休息了一會兒，達爾文便問亨斯洛教授：

「教授，目前我遇到的最關鍵問題就是如何盡快把這五年來的考察資料和標本進行整理。眼下，小獵犬號馬上就要入港了，我必須盡快從上面卸下那幾千件標本和岩石樣本。還有，之前我寄存在劍橋大學的標本也同樣需要整理。這將是一件很繁瑣的工作。」

「你說得對。這樣吧，達爾文，你暫時先住在我這裡，我們慢慢商量下一步該怎樣處理這些物品。」

就這樣，達爾文在亨斯洛教授家中暫住下來。每天，他們都討論一些標本的事情。最後，亨斯洛教授建議達爾文將動物標本和那些採集品放在倫敦處理比較好：

「英國那些比較好的科學研究團體都集中在倫敦，倫敦有動物學會博物館和大英博物館，還有一些知名的動物學家，他們一定很願意接受你這些標本。而你的那些岩石樣品，完全可以放到學校裡，因為我本身就是個礦物學教授，而且在劍橋還有許多地質學教授。即使是我不明白的地方，他們也會一起來幫忙研究的。」亨斯洛教授用十分肯定的語氣對達爾文說。

達爾文覺得亨斯洛教授說得很有道理，便接受了教授的建議，將這個建議當成工作中第一階段的計畫。

十月二十日，達爾文從劍橋返回倫敦。一週後，達爾文從停泊在格林威治碼頭的小獵犬號上卸下了自己五年來所有的生活用品，和環球考察最大的收穫——標本和岩石採集品。

接著，達爾文便開始坐著馬車四處拜訪，希望有人能收藏他的標本並進行研究。然而，事情並不像亨斯洛教授預想得那樣容易。達爾文的植物標本很受植物學家的關心，但是那些出航前聘請達爾文做通訊員的動物學會，卻對那些動物標本十分冷漠，甚至對那些未經研究和命名的標本絲毫沒有興趣。在他們的博物館中塞滿了那些常見的標本，動物學家們還經常對各自研究的東西進行爭吵。他們都忙於自己的事，根本沒人願意看達爾文送來的東西。

達爾文還到大英博物館去打探過，可是最終達爾文並沒有將自己的標本送到那裡。因為他認識的一位植物學家告訴他，幾年前也有一批從出航的船上帶回的標本被送到博物館，可是根本就沒被展出過，據說這些東西後來都被扔在了儲藏室裡。

達爾文可不想讓自己花費五年時間辛苦搜集來的標本被白白浪費掉，因此也放棄了大英博物館。

經過達爾文的四處奔波，最終有些人表示願意收藏他的標本了。透過這些人的影響，一些之前稱忙於研究的人也開始向達爾文詢問起標本的事來，他們都紛紛表示願意對達爾文帶回來的標本進行整理和研究。

這讓達爾文非常高興，自己的努力終於沒有白費。而動物學家們透過對這些標本進行研究，也陸續發表出一些關於生物學方面的論文。其中，不少論文都提到了達爾文和他所採集的標本，有些標本還用達爾文的名字來命名。這對於從事自然科學研究的人來說，可是一種莫大的榮譽。

隨後，很多生物學會的會報上也陸續刊載關於達爾文採集的標本的文章。一時之間，這些學會的會報簡直成了達爾文個人成績的專版。達爾文這次環球考察的科學價值，逐漸得到了科學界的肯定和讚賞。

不過，達爾文根本無暇顧及這些評價與讚揚，因為在處理完動植物標本後，他還有更重要的事要做。首先要做的，就是整理他五年來所搜集的各種地質資料和採集樣品。

（三）

達爾文本來是打算在劍橋住幾個月，在那裡開始自己的工作的，可是後來他不得不到倫敦去。因為在倫敦，那些專家們對他旅行期間搜集來的動物資料進行研究時，只有達爾文在場的情況下才能進行下去。

幸運的是，達爾文在倫敦認識了許多博物學家，其中包括著名的地質學家萊爾。早在達爾文還未回來前，萊爾就已經迫不及待的等待達爾文的歸來了。當小獵犬號還在紐西蘭時，萊爾就寫信給賽奇威克說：

「我盼望著達爾文的歸來，我希望你們能儘早讓他過來。」

由於達爾文的許多觀點都是從萊爾的觀點上發展起來的，而萊爾的許多觀點又得到了達爾文的證實，因此，兩個人之間的作用可謂相輔相成。來往之後，他們也很自然的成為了朋友。萊爾對達爾文非常熱情，對他的計畫既關心又支持，想想當時萊爾曾遭受神學家們的仇視、反對和排斥，而達爾文卻又熱烈的擁護他的思想，也就不足為奇了。

不久，在萊爾的推薦和支持下，達爾文被選為地質學會會員，接著他又被選為動物學會會員。

西元一八三六年十二月初，達爾文又返回劍橋，在那裡度過了冬天。在這裡，他打算檢查完他的地質搜集品。起初他住在亨斯洛教授家中，後來為了方便，他在劍橋大學基督學院中租了一間房子住下來，進行研究。

在亨斯洛教授的推薦下，達爾文又認識了著名的結晶學和礦物學家米勒教授。在他的指導和幫助下，達爾文開始專心整理和研究自己帶回來的岩石、礦物標本和地質材料等，並開始著手整理《一個博物學家的考察日記》。

在劍橋期間，白天他都是與米勒教授在一起，仔細的研究分析和鑑定帶回來的標本，而一到晚上，就會有一些朋友來到達爾文的住所，大家一起喝酒聊天，這在很大程度上影響了他的工作。因此，他在給家人的信中寫到「豐盛的宴會和其他的誘惑」使劍橋成了「一個不太好的工作地點」。

這年冬天，達爾文又在動物學會上做了《關於美洲鴕鳥》的簡短報告，在地質學會上還做了《關於智利海岸線新的上升》的簡短報告。

第二年，達爾文在整理完自己的地質和礦物標本後，又來到了倫敦，住在倫敦大瑪律波羅大街，一直住到九月。

在這期間，他的主要工作是整理考察日記。斐茲洛伊艦長已經出版了他的旅行著作，但是達爾文在日記中卻並沒有像斐茲洛伊艦長那樣遵循時間順序來寫，而是將注意力放在對拜訪國家的描寫方面，其中包括各種動物的生活方式、地質考察和風土人情等。

在考察日記整理完畢後，達爾文再次考慮物種起源的問題來。他在倫敦專程拜訪了萊爾教授，透過與萊爾教授的交談，達爾文的理論觀念提升到更高層級。他覺得，自己也應該像萊爾教授一樣，論述觀點之前應先搜集好充分的事實，然後再加以證實。

此後，達爾文開始廣泛的搜集相關事實，並與一些有經驗的專家保持著密切聯絡。西元一八三七年七月，他開始著手準備第一本物種起源方面的著作寫作。

期間，他又做了兩次地質報告，一個是關於《南美洲的巨漂礫》，另一個是關於地震的。兩份報告都受到了地質界的高度關注和重視。

另外，在萊爾教授的幫助下，達爾文還搜集整理資料，寫完了《小獵犬號的動物學》(Zoology of the Voyage of H.M.S. Beagle）一書。不過，這本書中的統計表和插圖製作都是需要花錢的，所幸的是達爾文得到了政府的補助金一千英鎊。

本來一切都在按照原計畫進行著，可是到了秋季，達爾文的身體卻出現了狀況。他時常感到頭暈、眼花，腸胃也不好，這不僅嚴重影響了他的工作，而且這種病症此後一生都伴隨著他。

關於達爾文的病因，可謂眾說紛紜。有人說是由於他在未出海前在德文港心悸引發的，也有人說是五年的航海暈船折磨中導致的，還有人說他是在瓦爾帕萊索染上了病菌……。

不管何種原因引發的病症，達爾文現在都必須放下工作休息一段時間。他打算利用這段休息時間去梅爾看望舅舅喬賽亞一家。

第十一章　與表姐艾瑪結婚

不要因為長期埋頭科學，而失去對生活、對美、對待詩意的感受能力。

——達爾文

第十一章 與表姐艾瑪結婚

（一）

達爾文從考察回來後，就一直忙於整理搜集回來的各種標本和資料，每天都忙得團團轉。他生怕浪費寶貴的研究時間，在這事業剛剛起步之時，每一分每一秒都顯得相當重要。

然而有一天，達爾文收到一封家信後開始坐不住了。信中說二姐卡洛琳與表哥喬賽亞三世結婚了。就是這封信，讓達爾文開始心煩意亂起來。

原來忙碌的達爾文內心其實正在經歷著事業與愛情的痛苦煎熬。在緊張忙碌的時候，他的大腦中都是標本和資料；而一旦坐下來休息，他就會不由得想到舅舅喬賽亞家的表姐艾瑪。

達爾文與艾瑪已經彼此傾心很長時間了。在雙方的家中，不論是達爾文的父親和姐妹們，還是喬賽亞舅舅家中的哥哥姐姐，大家也都很清楚達爾文與艾瑪之間在相互愛戀著。達爾文的出海前，也曾徵求過舅舅的意見，儘管當時艾瑪心裡很不願意讓達爾文出海，但是她也深知達爾文的個性。

達爾文走後，艾瑪每天在家中盼望著達爾文能早些歸來。每次達爾文來信時，她都搶先看，每次都要看好幾遍。從達爾文的信中，她不禁了解了達爾文的旅行和考察生活，還感覺自己好像跟隨在達爾文身邊一樣，經歷著他所經歷的一切。

回到家後，達爾文在家中休息幾天後本來想去探望舅舅的，但是被家人出於身體狀況考慮勸止了。一直等到他將帶回來的標本和搜集品等都處理好了，他才去梅爾莊園看望舅舅喬賽亞和艾瑪。

西元一八三六年十一月十二日時，達爾文來到舅舅家中。如果艾瑪天真的認為，達爾文一回來馬上就向她求婚的話，那她肯定會大失所望了。達爾文這次來，每天只享受打獵的閒暇和樂趣，隻字未提向艾瑪求婚的事，這讓艾瑪很難過。

事實上，達爾文也很想向艾瑪求婚，之所以一直未表露心跡，還是因為他一直處於事業與婚姻的矛盾之中。他嚮往婚姻，很願意有一個情投意合的伴侶和一個幸福的家庭，可是又擔心這些事情會浪費他的研究時間，讓他不能專心的從事研究工作。

另一個原因就是他的經濟問題，他還沒有一份穩定的收入，結婚後最現實的問題就是經濟負擔會加重，他不能靠父親或舅舅的接濟來生活。

西元一八三七年秋，達爾文又到梅爾看望了舅舅和表姐艾瑪。雖然二姐和表哥的婚事刺激了他，但是他仍然沒提結婚的事。艾瑪也很失望，她甚至開始暗暗的埋怨起達爾文來。不過，此時達爾文已經開始正視起自己與艾瑪的婚事了。艾瑪是個優秀的女孩，多才多藝，美麗賢慧，達爾文聽說梅爾莊園附近的不少有身價的年輕人都向艾瑪求過婚。在達爾文回國前，艾瑪就拒絕了兩個年輕人的求婚。

西元一八三八年，達爾文成為地質學會會員，開始有了固定而微薄的收入。雖然錢很少，但是達爾文還是很高興，他開始有了一種自食其力的感覺；再加上科學論文的報酬，他開始考慮結婚的事情了。

第十一章 與表姐艾瑪結婚

（一）

從西元一八三六年到一八三八年十一月的兩年多時間裡，達爾文到梅爾拜訪過多次，甚至身體不舒服的時候也來這裡休養，他已經將梅爾莊園當成自己的家。每次來梅爾，他都會找艾瑪表姐閒聊或陪艾瑪散步，有時還將新出版的詩集或曲譜送給艾瑪。

西元一八三八年十一月九日，達爾文在工作之餘，衣著整齊的來到梅爾莊園做短期拜訪，並正式向艾瑪表姐求婚。

艾瑪自然是高興極了，羅伯特醫生和喬賽亞兩家人也都歡天喜地。本來看達爾文回來後的表現，他們對這樁婚事都不抱什麼希望了。喬賽亞喜出望外的寫信給羅伯特醫生：

「你我兩家本來就有許多關聯，我相信，這一新的結合將會使我們的後代更加興旺。」

（二）

西元一八三九年一月二十九日，就在達爾文差兩週滿三十歲的這天，他和艾瑪在梅爾莊園教堂舉行了隆重的婚禮。艾瑪的堂哥，同時也是牧師的約翰，為達爾文和艾瑪主持了婚禮。

婚禮後的第二天，達爾文就帶著艾瑪回到倫敦。隨後，達爾文夫婦到威爾斯度過了一個短暫的蜜月。

結婚後的達爾文和艾瑪搬到了倫敦上高威爾街十二號。雖然達爾文並不喜歡住在倫敦，更喜歡僻靜的鄉村生活，但是倫敦是英國的科學文化中心，有眾多的圖書館和博物館，還住著眾多的科學家。在這裡，他可以獲得各種最新學術進展的消息，可以在眾多科學學會中與同行們進行學術交流。為了自己鍾情的事業，達爾文不得不住在喧鬧的倫敦。而艾瑪為了支持丈夫的事業，也只好陪著達爾文在倫敦住了下來。

一開始時，他們對倫敦的喧鬧嘈雜還能忍受，時間一長，達爾文的情緒就受到了影響。當天氣不好或外面過於喧譁時，他就會感到眩暈、胸悶、頭痛，有時甚至暴躁易怒。這時，艾瑪總是默默的忍受和照顧達爾文，從不對丈夫表現出埋怨和不滿。

在達爾文一家搬到上高威爾街後，他被接受為皇家學會會員。由於年紀輕輕便得到群眾的承認，所以每天來拜訪的著名人士也絡繹不絕。來訪的客人中不但有科學家，還有一些文人，其中有歷史學家麥克林、斯坦厄普和格蘭特等。

頻繁的來客讓艾瑪應接不暇，可是她總是能從容不迫、有條不紊的招待著客人。誰也沒有想到，這個時髦、大方的主婦，不久前在梅爾莊園還是一個靦腆的女孩。她為丈夫的朋友們舉行各種簡樸而實惠的家宴，得到了許多客人的讚許。

西元一八三九年十二月二十七日，艾瑪生下了第一個男孩威廉（William Erasmus Darwin）。小寶寶胖嘟嘟的、很可愛，為家庭增加了許多快樂，並且他也成為父親達爾文研究人類表情的觀察對象。

從兒子出生的那天起，達爾文就開始觀察小傢伙的各種表情，還把相關內容都一一記錄下來。達爾文相信，在這樣的早期，一些最複雜最細微的表情，也一定會有一個逐漸的和自然的起源。後來，他將對兒子的觀察反映在了他的《論感覺的表現》一書當中。

西元一八四一年三月二日，艾瑪又生下一個可愛的女兒安妮（Anne Elizabeth Darwin）。可是，這個聰明伶俐討人喜歡的小女孩卻體弱多病。

在這期間，達爾文的健康狀況也明顯的出現了惡化。他經常週期性的感到胸悶、胸痛和眩暈，而且非常容易疲倦。倫敦市中心的環境對達爾文的健康很不利，他想回到寧靜廣闊的鄉村去。可是他又不願多談自己的病，以免艾瑪擔心。所以，這次他找了一個其他的藉口表達了自己想要搬家的願望。

「倫敦這種地方不適合兒童的成長，」在安妮出生幾週後，達爾文對艾瑪說。「我希望孩子們能夠在一個健康、廣闊的環境中長大。」

「你的意思是——我們應該回去？」艾瑪驚訝的問達爾文。「可是你的工作怎麼辦呢？你需要隨時與科學界的朋友保持聯絡呀！」

「我們可以在附近找一找，離這裡幾公里的地方也有鄉村。」達爾文說。

天文學家約翰．赫歇爾建議他們到泰晤士河的南岸去看看，因為他剛剛在離貝克納姆不遠處買下一棟房子，貝克納姆那時還是個不足三百人的小村莊。

西元一八四二年，約翰邀請達爾文夫婦到他位於貝克納姆的家中做客。剛一到那裡，達爾文就被那裡的靜謐與周圍大片的林地所吸引了。

「這裡簡直像梅爾莊園周圍的森林一樣，」達爾文激動的說，「可能這裡也能找到許多標本來豐富我的收藏。」

這裡還有一個優點，就是去倫敦很方便。因為新修的倫敦至克羅伊登鐵路在西德納姆和彭吉都有車站，從那裡到貝克納姆不到四公里。

達爾文和艾瑪在貝克納姆地區找了好幾處房子，但是都感到不甚滿意，大多數都因為房子太小，而且潮濕。後來在七月底，約翰帶他們穿過海斯和凱斯頓的農場，來到了偏遠的唐恩。在這裡，他們找到的一處心儀的房子。此後，這裡就成為他們一起生活的家——唐恩莊園。

（三）

唐恩距離倫敦大約二十四公里，當時居住著幾百人，交通比較方便。西元一八四二年九月十四日，達爾文和艾瑪帶著兩個孩子和僕人約瑟夫．博斯勞一起搬到唐恩的新居。

達爾文夫婦對唐恩莊園進行了修繕，又請人將周圍的雜草和灌木砍去，開闢了花園、菜園和實驗地等。從此，達爾文就在這個幽靜的環境中專心致志的從事研究和寫作，直到去世。除了偶爾短期外出之外，他一生都沒有離開這裡。也許也正是在這種安靜的環境下，他才能夠寫出許多讓他享譽盛名、對後來的科學產生深遠影響的博物學方面的一流著作。

搬到唐恩莊園後，達爾文的健康狀況似乎好轉了許多，經常發作的劇烈頭痛和許多不適也不再出現了，這讓艾瑪很高興。

同時，在這裡，達爾文也為自己規定了嚴格的作息時間：每天清晨七點起床，在花園散步；七點四十五分吃早飯；八點半開始工作。他還將一天的時間分成三段來工作：上午八點半到十一點半為一個階段，下午一點半到四點為一個階段，五點半到晚上七點半為一個階段，中間休息的時間到花園散步或聽艾瑪朗誦小說。晚飯後，或聽艾瑪彈鋼琴，或和她下棋，或陪孩子們玩。十點鐘上床睡覺。

這份時間表除了去倫敦開會、度假或因疾病不能起床外，達爾文整整遵循了四十多年。就連達爾文自己都說：

「我的生活過得像鐘錶一樣規律。當我的生命告終的時候，我就會停在一個地方不動了。」

在工作的時候，達爾文不讓任何人打擾他。有時怕孩子打擾他的工作，艾瑪就盡量帶孩子們到外面花園中活動。所以，家中除了她自己和每天早晨打掃環境的僕人之外，任何人都不能進去。當達爾文工作時，她還要求孩子們在房間活動時都必須悄無聲息。

搬到唐恩莊園不久，艾瑪又懷孕了。西元一八四三年，艾瑪生下第三個女兒。這個孩子在受洗禮時取名為亨利埃塔（Henrietta Emma Darwin），不過人們都用暱稱伊蒂（Etty）來稱呼她。

隨著名氣的增大，達爾文每天收到的信件也越來越多，他不得不花費大量的時間來處理這些信件，儘管這些信中有些根本就是荒謬的理論，甚至是對他的侮辱，但是達爾文總是認真的回信。因為他覺得，不論在任何情況下都應該禮貌待人。有時候，他甚至要花三四個小時來寫信，如果有一封沒有回覆，他就會因深感不安而夜裡無法入睡。

事實上，達爾文雖然遵循相當嚴格的時間規定，可是他的睡眠卻一直不太好。在達爾文去世後，艾瑪曾說：

「我們住在唐恩的前二十年中，我相信他從來沒有一夜睡眠超過四五個小時的。我試驗各種方法讓他容易入睡，從熱飲料到蛇床子枕頭，可是都沒有奏效。有幾位醫生朋友建議他服用麻醉劑，他拒絕了，認為服用麻醉劑會讓他的大腦退化。等到後來他完成了主要工作，我們一家人能到海濱去度假時，他的睡眠才會好一些。」

達爾文經常要到倫敦去出席他所屬的各學會會議或去宣讀論文，艾瑪總是為他擔心，擔心他的身體受不了。達爾文很難在倫敦待上兩個小時以上，回到家時更是筋疲力盡。後來到西元一八四五年秋天，他不得不臥床休息兩週。

這次舊病復發也讓達爾文得到了有益的教訓。從那時起，他只有在極其重要的情況下才去倫敦，並開始時刻關注自己的健康狀況。他時常想，如果有一天他突然死去，那他的理論、他的思想、他的整個準備工作……，都將付諸東流。天啊！想到這些，他真的不得不好好對待身體了。

不過，他仍然會很固執的在病情剛剛恢復一點點後，就繼續工作。

第十二章　建立演化理論

完成工作的方法，是愛惜每一分鐘。

——達爾文

第十二章 建立演化理論

（一）

在結婚後，達爾文便繼續整理自己的地質論文，尤其是對〈珊瑚礁〉和〈南美洲的巨漂礫和冰川〉兩篇論文傾注了大量的心血。後來，他又在地質學會做了〈關於火山現象之間的關聯〉的報告。

在搜集資料和理論思考的階段，達爾文一直都在從事著相關物種和變種的研究工作。在西元一八四一年一月時，他就向經驗豐富的養禽專家福克斯寫信，請他將那些雜交生出的鴿子、雞、鴨等，包括雜交死去的非洲貓的骨骼，都寄給他，讓他進行系統性的研究。這些東西在達爾文的眼中都是寶貝，比其他任何東西都有價值。

西元一八四一年初，達爾文的著作《珊瑚礁的構造和分布》（The Structure and Distribution of Coral Reefs）正式出版了。這本著作具有四大特點：

一、內容的高度概括性，達爾文尋求並找到了最能充分說明研究現象的內在規律。

二、內容的廣泛性，達爾文掌握了研究對象的所有詳細資料。

三、達爾文在其中研究並解決了總結時可能遇到的困難，並予以解釋，以免為他人反駁留下口實。

四、達爾文從地質、地貌、動物等全方面來研究，充分的體現了他是一個廣義上的博物學家。

儘管達爾文在考察時獲得的資料十分有限，對某些問題的解釋也有些模糊不清，但是廣大讀者還是對達爾文在此次航行中，能夠克服各種艱難險阻進行考察的精神表示欽佩。因此對於達爾文的理論和思想，讀者也是相信並願意接受的。

這本書是達爾文理想的開端，同時也是一個輝煌的開端。該書出版後，很快就引起了科學家們的注意，儘管其中有些內容駁斥了萊爾的某些環形島理論。

在西元一八四二年的五六月間，達爾文在什魯斯伯里和梅爾莊園度過了一段美好的日子。在這裡，他用鉛筆潦草的勾畫出一個相當完整的物質起源理論概要。後來，這個手稿被藏在唐恩莊園一個樓梯下面的壁櫥裡，在達爾文去世十四年被發現。

在達爾文誕生一百週年時，達爾文的兒子法蘭西斯（Francis Darwin）將它加上了自己的注解並出版。要做到這一點其實是很不容易的，因為手稿概要是達爾文在倉促中寫就的，而且用鉛筆寫成，有些地方還經過了塗塗抹抹；再加上年代久遠，有些文字已經看不清了。後來《物種起源》的全部章節和基本思想等，都在這個概要中有所體現。

在概要中，達爾文首先提出了人類影響生物的兩種方法：一種是外界條件的直接影響，如營養對動物大小的影響；另一種是間接條件的影響。

透過這一概要人們也能看出，在西元一八四二年時，達爾文已經建立了自然選擇的演化論理論，並將其基本特點也都完全提了出來。只不過當時他還沒有和任何人談論過自己的這一個演化思想而已。

（二）

達爾文的祖父曾提出過生物演化的觀點，達爾文在很小的時候就聽人提過祖父的生物演化思想，但是他並沒有認真的讀過祖父的著作。在航海回來後，他特意將祖父的著作找出來認真閱讀了一下，並做了一些摘記。

伊拉斯謨斯·達爾文在其所著的《動物規律學》中列舉出了物種演化的理由，這些理由包括：

第一、生物在個體發展過程中會發生變態，如毛毛蟲會變成蝴蝶，蝌蚪會變成青蛙。

第二、人類能使家畜發生變化，如人會根據需求培育出不一樣的馬、豬、禽類等。

第三、存在畸形的動物及繼承畸形的後代。

第四、四足動物、鳥類、兩棲動物以及人類在結構上都有著驚人的相似之處。

閱讀完後，達爾文又結合自己的考察資料，認為祖父的看法和理論並不完全正確，但是他卻很支持祖父關於生物演化的觀點。

為了能夠弄清楚物種起源問題的思路，達爾文還將目光投向了農業實踐中的相關資料。他閱讀了大量相關農業的書籍和雜誌，研究關於家畜品種和植物品種的著作，還與一些動物飼養家、植物栽培家等保持著密切的聯絡，從他們那裡直接獲得培育新的生物品種的例證。搜集來的資料證實，動物和植物在家養的情況下會發生變異，產生新的品種。可是新品種是如何培育出來的？它們為何能成為人們所需要的性狀物種的呢？

為了真正弄清楚這些問題，達爾文還親自動手做繁育動物的實驗。他在家裡養了一些鴿子，因為鴿子繁殖快，又不需要很大的地方。與一般的養鴿人不一樣，達爾文將不同鴿子全身每一處都進行了仔細測量，對牠們的羽毛顏色、蛋的類型等，都進行了認真分析並做了紀錄。透過分析研究不同鴿子品種的差別後，達爾文斷定，這些不同品種的鴿子都起源於野生的原鴿。

此後，達爾文又研究了其他家養動物，發現牠們也和鴿子一樣，許多家養品種也是由一個或少數幾個野生品種變化來的。那麼，牠們是怎樣演變來的呢？需要經過多少代育種才能實現？

後來，達爾文請教了一個培育犬專家，如何才能得到品種優良的犬？培育犬專家說，方法很簡單，小狗在生下來後，肯定有好的，也有不好的。好的留下來，壞的就宰掉，這樣自然就能得到品種好的獵犬了。

同時，他還請教了植物栽培家，情況與動物也很相似，都是透過反覆選擇、擇優而取，最後就能得到人所需要的優質品種了。

據此，達爾文認為，家養動物新品種的形成與人的選擇是有一定關係的。從家養動物和植物的育種中，達爾文也得到了他的人工選擇原理。這樣，他又在向物種起源的道路上邁出了一大步。

接著達爾文又證實，動物的某些器官經常使用，可以增強器官的性能，並能增加它們的尺寸，而不經常使用就會讓尺寸縮小。而且，這種變化還是可以遺傳給後代的。

但是，僅憑人工選擇還不能回到一些複雜的物種起源問題，因為人工選擇是將人所需要的保留下來了，讓其進一步繁衍，而將不需要的淘汰掉。
那麼，在自然界中是否有這種保留和淘汰的過程呢？如果有，那又是如何進行的呢？達爾文再一次陷入了深思。

（三）

達爾文早前曾閱讀過英國經濟學家馬爾薩斯（The Reverend Thomas Robert Malthus）的《人口論》。在這本書中，馬爾薩斯認為，人口總是按照等比級數（二、四、八、十六……）成長的，而生活資源只能按照等差級數（一、三、五、七……）增加。所以，當人口擴張到僅能維持繼續生存的極限時，就會出現戰爭、瘟疫、災荒等。在這種情況下，只有戰爭、瘟疫、災荒才能遏止人口的過度成長。

「自然用最自由的手，在動物界、植物界散布種子。但是育成這種生命種子所必需的場所和營養，自然卻給得相當吝嗇。這地上含有生命的芽，如果能有充分的食物、充分的場所供它繁殖，幾千年後就會充塞幾百個世界。但是自然法則的必然性將把這種生物限制在一定的界限內。植物的種類和動物的種類完全都處於這種限制的大法則之下……。」

當達爾文正苦苦思索自然界是用什麼辦法造就新物種時，馬爾薩斯這段關於人口、動物和植物按幾何比率成長趨勢的論述讓達爾文豁然開朗。

馬爾薩斯的《人口論》讓達爾文開始意識到自然界的生存抗爭。在自然界當中，我們隨時隨地都能看到許多植物結出成千上萬的種子來。如果這些種子全部存活，那會是一番什麼樣的景象？同樣，動物也有很強的繁殖能力，如果每一種生物的後代都存活而不被消滅的話，所有的生物就會將地球填滿。

第十二章 建立演化理論（三）

而事實上，地球並不是這樣的，也從未出現過這樣的情形。自然界的事實就是：總會有大量動物的卵、幼子和大量植物的種子、幼芽被其他生物消滅掉。那些尚未成為生命的生物，在化為生命之前就會被當作其他生物的食物而被消滅掉；而當它們出生後，同樣會遇到各式各樣的敵人。它們必須經過艱難的過程，躲過各式各樣的傷害才能存活下來，並繁衍後代。

所以，所有的生物，不論弱小還是強大，它們的整個生命都處於和敵人抗爭的過程當中。另外，生物的生存抗爭還包括和地理位置、氣候環境等自然環境所進行的對抗，與同一物種內部所進行的對抗等。所以，自然界的生存條件和人工選擇一樣，對生物的每個個體都要做出選擇要求，符合要求的保留下來，不符合要求的則被淘汰掉。

這就是達爾文發現的自然選擇，與人工選擇具有同樣的性質和作用。

從西元一八四二年到一八四四年，達爾文一直都在孜孜不倦的從事物種問題的研究。根據研究結果，在西元一八四二年所寫的概要基礎上，達爾文又重新寫了概要，內容比西元一八四二年所寫的增加了三倍多，並仔細的進行了修訂，尤其是擴大了關於自然選擇、人工選擇和生物地理分布等幾個章節。

西元一八四四年的概要大大的增加了闡述自然選擇和人工選擇的篇幅。達爾文指出，遺傳問題很複雜，並非生物在一生中所獲得的一切都能遺傳下來。接著他又指出由人類選擇種畜的重要性和隔離的意義，即防止和不良個體和品種進行交配的作用。達爾文還指出了採用選擇的實際操作者在工作過程中所遇到的困難和詳細之處，以及在很多代期間進行育種的必要性等。

隨著研究的深入，達爾文越來越感覺到這個問題的重要性，也越來越相信它的正確性。然而，他的結論卻與當時絕大多數學者的想法和意見相差甚遠。他與一些學者交流過這個問題，但是他們都不贊同他的演化論觀點。如果現在就出版概要，達爾文清楚，自己一定會處於孤立無援的位置。

第十二章 建立演化理論（三）

第十三章　艱難的研究工作

我必須承認，幸運喜歡照顧勇敢的人。

——達爾文

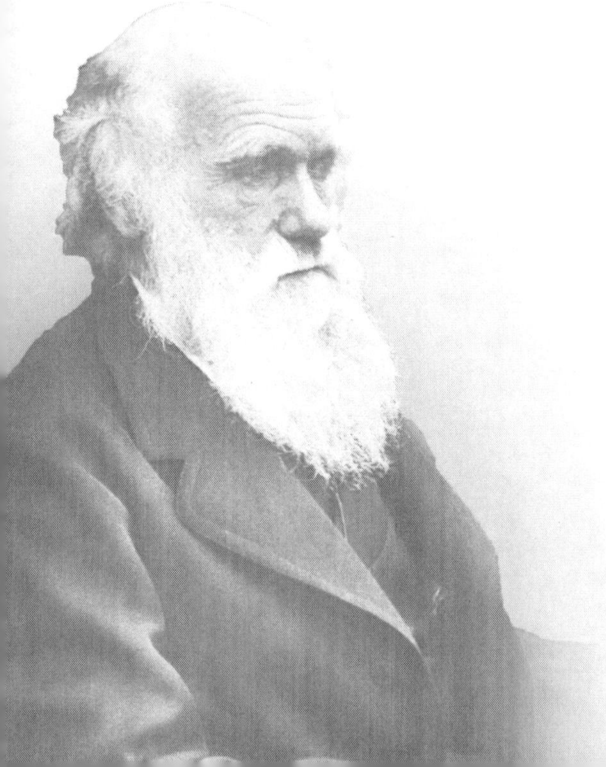

（一）

達爾文在考察和研究過程中，與萊爾教授和年輕的植物學家約瑟夫．道爾頓．胡克（Sir Joseph Dalton Hooker）的通信往來十分密切。

達爾文與胡克的第一次見面是在西元一八三九年倫敦法拉特加街的小公園中。那時，胡克還是一位不善交際的年輕人，正準備跟隨詹姆斯．羅斯的艦隊去南極進行考察。他的年齡比達爾文小八歲，是著名植物學家、皇家植物園主任W．胡克（William Jackson Hooker）的第二個兒子。W．胡克與萊爾教授的父親關係密切。當萊爾的父親聽說胡克將要去南極考察時，就特地從萊爾那裡拿了一本達爾文的《一個博物學家的考察日記》的樣書送給胡克。

胡克一下子就被達爾文的《一個博物學家的考察日記》中的內容吸引住了。讀完這本書後，胡克對達爾文敏銳的觀察力和豐富的博物學知識十分欽佩，他強烈的要求萊爾為他弄一本正式出版的《一個博物學家的考察日記》。

幸運的是，在出航前，胡克拿到了萊爾送給他的剛剛出版的《一個博物學家的考察日記》，並有幸結識了這本書的作者達爾文。

但是由於胡克本身不善言談，因此與達爾文的第一次會面並沒有進行太深入的互動。後來經過萊爾教授的詳細介紹，達爾文才知道胡克原來是自己的老師亨斯洛教授的女婿。達爾文為自己未能與胡克進行深談而感到懊悔。

西元一八四三年，胡克考察回國。不久，達爾文就寫了一封信給胡克，表示希望能早點與胡克會面，並希望胡克能將與歐洲物種近似的那些物種，為他做些比較。

同時，達爾文還準備了一些生物種屬的地理分布與環境條件有關的問題，打算與胡克進行探討。這些問題的確定可以為自然選擇提供更加廣泛的事實根據。接著，達爾文還在信中談到了他在加拉巴哥群島搜集到的植物，希望胡克能關注加拉巴哥群島植物區系和聖凱倫拿島植物區系的比較。

胡克接到達爾文的信後也很高興，並很快拜訪了達爾文。在這次見面中，達爾文將他在加拉巴哥群島上搜集的植物都交給了胡克，並告訴他關於獨立的島上一些鳥種和海貝的資訊。同時他還告訴胡克，這些鳥種和海貝與美洲大陸的鳥種和海貝有相似之處，請胡克特別留意這些事實，並加以研究是否對加拉巴哥群島的植物物種也能做出這樣的結論。

接著，達爾文又向胡克指出了和研究各群島的動物區系有關係的各個作者，並請胡克留意，關於植物是否能認為在世界各地極為普遍的物種數目已經很多？對於這些問題，達爾文都已經深思熟慮過了。胡克是這方面的專家，他希望能得到胡克的幫助。

自從拜訪過達爾文之後，胡克與達爾文的交流便日漸密切，書信往來也不間斷。遇到不同的看法後，他們也各自都能坦誠的表明自己的觀點，進行互不相讓而又十分友好的辯論。

在達爾文的健康狀況惡化後，胡克也是在唐恩莊園一待就是幾天，有時甚至一待就是幾週的客人。每次來，胡克都會帶著自己的著作，並獨立的從事研究。吃完早飯後，達爾文把胡克請到自己的工作室，與他聊上半小時，從他那裡「吸收」一些有關植物學和植物地理學方面的知識，有些問題是達爾文在鑽研「物種」時累積和記錄下來的，但是他也會徵求一下胡克這個專家的意見。

在達爾文的後半生中，胡克是他最親密的朋友之一，也是他終生的好友。當然，胡克也成了達爾文演化理論最熱心的支持者和最堅定的擁護者。他不僅為達爾文建立演化學說提供了大量的資料，還經常向達爾文提出一些疑難問題和建議，從而幫助達爾文使其理論更趨於完善。

後來，在達爾文的演化理論遭到神創論者的抨擊時，胡克和赫胥黎（Thomas Henry Huxley）堅定的站在達爾文的一邊，捍衛達爾文的演化學說。有了他們的支持和回擊，才讓達爾文的演化學說逐漸得到科學界的認同與廣泛傳播。

（二）

西元一八四五年，達爾文修改了自己的《一個博物學家的考察日記》，並再次出版。這次修改中，達爾文刪去了其中的一些累贅的東西，將「關於氣候、冰川等冗長的論述」刪掉了一半，同時又增加了一些新的內容，如關於珊瑚礁的起源理論、關於南美古生哺乳動物的形態、關於巴塔哥尼亞高地的地質以及關於動物滅絕原因等方面，都進行了增加或補充。

達爾文將《一個博物學家的考察日記》的第二版先給了萊爾教授，認為如果沒有萊爾教授的《地質學原理》，他是不會獲得這麼多科學研究成果的。

就在這時，英國出版了匿名作者的《創造的痕跡》一書，引起了達爾文的極大關注。達爾文之所以如此關注，是因為該書以一種全新的形式闡述了演化的理論思想。

該書的第一部分按照地質時期，分別整理了古生物化石的大量資料，第二部分則提出了有機界的自然發展，並根據《創造的痕跡》和古生物學、解剖學以及其他自然科學的對比，來確定這一發展的自然規律。

同時，作者還在書中強調，他不願與神學作對，也不反對上帝和上帝的意志，只反對上帝「一切都是註定的」這一說法專門參與新物種的出現。他願意承認上帝是世界上的第一推動力，但是他更捍衛科學應將規律作為上帝提出來的主張而加以研究的權利。

該書一出，立刻引起了讀者的極大興趣，但是同時也遭到了博物學家的一致譴責。顯然，這

第十三章 艱難的研究工作

（二）

本書破壞了演化論思想在博物學家中間的聲譽。

達爾文充滿驚恐的觀察著人們的反應。他很擔心，未來關於物種的學說是否也會遭到如此嚴厲的責罵？所以，他決定暫時放下正在寫的關於物種的書，並推遲了排版和出版的準備工作。正如他給胡克的信中所寫的那樣：

「當時我正處於思維清醒的博物學家的輿論中，弄不好就會聲譽掃地。」

況且，當時達爾文的主要注意力已經放在新的著作上了。達爾文在寫完南美地質學後，正如給胡克寫的信中說的那樣：

「出版一些動物學，以後就歡呼勝利！再出版關於物種的書。」

當年在智利海岸時，達爾文曾找到過一個非常值得注意的蔓足目類型的蟹，牠鑽進另一個蔓足目蟹的甲殼裡。後來，達爾文就開始對蔓足類動物進行研究。從西元一八四六年到一八五四年，他整整用了八年的時間。

蔓足類，或稱蔓足目蟹，是一個極為特殊的動物群體。牠們是海生形態的幼蟲，對於低階的甲殼綱來說，牠們是所謂無節幼蟲典型的六條腿浮游形態。這個無節幼蟲的身後長了很多小腿，後來便變為蔓足目更為複雜的幼蟲，幼蟲增加了兩片鱗，用牠的觸鬚固定在任何一個培養基上，並再次蛻變成為成年的「固定動物」，也就是牢牢的固定在培養基上的動物。

牠的軀體上的小腿長成觸鬚一般，「蔓足目」的名稱也由此而來，同時用這些小腿將食物划動到嘴裡。鱗上還覆蓋著幾塊甲殼，有的類型則好像被小塔一樣的石灰質薄片圍繞起來。在激浪地帶，被大量的膠狀物質固定在陡峭的海岸上的海中橡實就是如此。

為了弄清楚這種蔓足動物的構造，達爾文開始解剖和研究其他常見的蔓足目形態，這也不知不覺的讓他有必要重新去研究整個的一類動物。

以前，這類動物在分類上十分混亂，每個學者在對蔓足類分類時，都根據自己的喜好進行；加上這類動物在許多品種和變種變化無常，因此在一些科學著作中講述的種類，也讓人弄不清楚到底屬於哪一種。

達爾文搜集了大量的蔓足類動物，以便能進行充分的研究。在他的辦公桌上，有一個玻璃瓶子，他經常幾個小時望著瓶子，注視著裡面這些動物身上的每一個細小的形狀，以及每一個器官的活動情況。

透過觀察，達爾文發現，蔓足目中的大多數動物都屬於雌雄同體，一會兒是雌性發揮作用，一會兒是雄性發揮作用。牠們的固定形態異體受精之所以容易，就是因為浮動的幼蟲固定在培養基之上。

經過艱苦的研究，達爾文明白，在確定各個物種和各個變種之間的差別時是多麼困難。難怪達爾文後來稱變種為「開始發展的品種」，而物種則是「發展完成的物種」。

比如，他在西元一八五三年九月二十五日，給胡克的信中寫道：

……對我本人來說，唯一的疑問就是：這種類型究竟是今天正在變異呢？還是昨天已變異了？

第十三章 艱難的研究工作

（二）

……在把一定數量的類型作為不同物種而加以描述後，我撕毀了手稿，並把這些類型合為一個物種；然後我再次撕毀手稿，把這些類型又分成一些單個的物種；然後，我又把牠們合為一個物種（這種事經常發生）。我氣得牙齒咬得咯吱咯吱的響，詛咒物種，並且問自己：為什麼我要受到這樣的懲罰呢？

（三）

在研究蔓足類動物的期間，達爾文經常病倒，患病的次數甚至比他一生中任何時候都多，西元一八四五年他在給胡克的信中寫道：

……我的健康幾乎總是老樣子，時好時壞。我想，在最近的三年內，我沒有一天或者一夜不感到胃疼，而且在大多數日子裡，我的體力也無時無刻急劇的下降。

在他的病情加劇時，由於各種學術爭論需要付出力氣，並會引起激動，因此每次外出旅行都會讓他感到不安，這也會導致他的身體更加不適，結果他可能必須一連躺上幾小時，有時甚至要躺上幾天。在這個時期，達爾文的工作時間每週只有兩天，而一天也僅能工作一兩個小時而已。這既影響了他的心情，又影響了他的研究進度。

到了西元一八四九年，有人勸達爾文去進行水療，稱說也許能對他的病情有利。因此在這一年，達爾文前往倫敦北方的城市莫爾文的一個水療機構度過了十六週。水療對他的病情有一定的緩解效果，同時也讓他每天的工作時間增加了半小時。

在這個時期，達爾文偶爾還去參加英國科學協會的會議，但是並非每次都成功而愉快。在西元一八四九年時，他到伯明罕參加英國科學協會會議就非常不成功。因為在會議上「由於長時間的朗誦」，而使達爾文感到「精疲力竭」。

然而，比這更大的打擊是家中不斷發生的不幸變故。

第十三章 艱難的研究工作（三）

西元一八四八年十一月十三日，多年患中風的父親羅伯特醫生去世了，讓達爾文十分悲慟，又一次病了好一陣子。

更為不幸的是，西元一八五一年四月二十三日，達爾文最疼愛的女兒安妮被猩紅熱奪去了年僅十歲的生命，達爾文忍不住淚流滿面。幸運的是，他的其餘子女（共有七個：五個兒子和兩個女兒）都比他們的父親活得久。

最終，達爾文用了八年的辛苦鑽研換來了長達一千零八十三頁的《蔓足亞綱》（A Monograph of the Sub-class Cirripedia, with Figures of all the Species. The Lepadidae; or, Pedunculated Cirripedes）一書，並分類出版。如果從經濟方面考慮的話，這部著作出售所得的款項，勉強可以抵得上出版所花的費用，但是它讓達爾文在生物學領域經受了多方面的嚴格考驗，也彌補了他在年輕時期缺乏系統學習和練習的不足。

專心於蔓足目動物的研究，其重要意義首先在於它證實了達爾文提出的演化理論，讓達爾文後來無論在細節上，還是在批判的利用各種資料作為理論結論方面，都避免了犯較大的錯誤。

西元一八五三年十一月，達爾文榮獲倫敦皇家學會皇家獎章。

總之，達爾文在唐恩莊園開始了他一生當中的第二個時期。在這個時期當中，時間就像鐘錶一樣有節奏的流逝過去，使他創作出了許多有價值的、重要的著作。

第十四章　華萊士事件

脾氣暴躁是人類較為卑劣的天性之一，人要是發脾氣就等於在人類進步的階梯上倒退了一步。

——達爾文

第十四章 華萊士事件

（一）

（一）

《蔓足亞綱》是分卷出版的，十九世紀時期的習慣就是這樣。第一卷於西元一八五一年問世，當時正值達爾文的第五個兒子霍瑞斯（Horace Darwin）出生。第四卷，也就是最後一卷，於西元一八五四年秋天出版。

當時，這部著作在純科學界之外並沒有引起多大的注意，但是卻讓達爾文成為一名真正的地質學家和生物學家，而且還成為公認的文筆流暢、孜孜不倦的作家。

在這部著作完成後，達爾文累得筋疲力盡，他第一次感到簡直既不能研究也不能寫作了。因此，雖然他沒有臥床不起，但是大部分時間都是躺在客廳的椅子上休息，或坐在花園裡看孩子們玩遊戲。

然而，自然選擇的問題還時刻出現在他的大腦中，他和艾瑪度過了一個短暫的假期後，便又立即著手研究西元一八四四年寫下的有關這個問題的那些筆記。對這些筆記的認真研究，讓他的思想和理論再次向前邁進一步，開始深刻的研究品種和物種。

在研究過程中，達爾文雖然有了一個基本的理論框架，但是卻缺乏充分的事實證明，因此他還是將很大的精力都投入到搜集事實的工作當中了。到西元一八五六年，當萊爾教授和胡克一再建議和催促他開始動筆撰寫《論物種》時，他所搜集的資料已經有厚厚的一大堆了。從西元一八三七年達爾文所寫的第一個物種概要算起，到西元一八五六年為止，他為物種起源這個問題所做的準備已經近二十年了。而他所整理的筆記，如果只看一遍並進行分類，至少也要一年的時間。

萊爾和胡克之所以催促達爾文趕緊動筆是有原因的，因為就在達爾文埋頭搜集大量關於物種變異和自然選擇的事實時，遠在馬來群島（Malay Archipelago）的年輕博物家華萊士（Alfred Russel Wallace），也在進行著物種起源的研究。

阿爾弗雷德．華萊士於西元一八二三年出生於英國一個名叫埃斯科的小城鎮，十四歲時便開始獨自謀生，做過土地測量員、承包人、國民學校的老師等。後來，他迷上了植物學，從十八歲時開始搜集各種植物標本。

華萊士十分喜歡達爾文所寫的《一個博物學家的考察日記》，並認為此書「沒有任何累贅，沒有裝腔作勢和利己主義」。他還閱讀了《創造的痕跡》，因為他對物種起源問題也頗感興趣。

西元一八四八年，華萊士與朋友亨利．貝茲（Henry Walter Bates）乘船出發到巴西旅行，並開始了從亞馬遜河口到里奧內格河匯流點的遊歷，在這裡考察了四年，搜集了大量的標本和資料。

然而不幸的是，他所乘坐的英國船隻失火，將他四年的心血全部燒毀。華萊士並未因此屈服，而是在赫胥黎教授的幫助下，順利的得到了另一次去馬來群島進行長途考察的政府津貼。

西元一八五四年，華萊士前往馬來群島，在那裡度過了八年，將搜集的大量資料和標本都運送到英國。在島上的考察，還為他後來的著作《馬來群島：一個擁有猩猩和極樂鳥的地方》及《動物的地理分布》提供了詳實的材料。

當華萊士在馬來群島時，就與達爾文有過書信來往。他根據自己當時的考察和一些文獻史料（主要是達爾文的《一個博物學家的考察日記》）得出結論：同一品種的大批動物居住在同一個地方或臨近的地方，即「相近性是與地理分布密切相連的」。同時，在古生物方面他也得出結論：同一地質時期或相近的地質時期的生物，以及在同一地區遇到的生物，都彼此非常相近。

經過不斷的研究和觀察，華萊士提出的總結論是：

「每個物種的出現，在地理上和年代上是和非常接近物種和先於它存在的物種的出現相同一致。」

同時他還指出：

「物種是按照先前的物種結構形成的。」

由此可見，當時華萊士的理論已經非常接近生物演化理論了。

第十四章 華萊士事件

（一）

（二）

西元一八五五年三月的一天，《博物學雜誌》收到了一封署名為華萊士的論文——〈制約新物種出現的規律〉。在文中，作者運用了他的地質理論充分說明了生物物種變化的問題。而當時審稿子的人正是萊爾教授。看完稿子後，萊爾明顯感到，這位名叫華萊士的科學家正在從事和他的老朋友達爾文一樣的研究工作。

萊爾擔心華萊士會在達爾文之前發表關於物種問題的系統理論，因此他建議達爾文應立刻把握時間，將自己多年搜集來的資料整理成論文發表出來，否則就可能失去優先權。

聽了萊爾的建議後，達爾文的心情很複雜。他一向痛恨為爭得優先權而從事寫作的作法，但是如果真有人比他先發表出物種起源的學說，他也一定會感到煩惱，因為那是他歷時二十多年勤奮搜集、苦心研究的理論。

達爾文有點拿不定主意，便寫信給老朋友胡克，想聽聽胡克的建議。胡克回信說，他也抱持與萊爾一樣的觀點，希望達爾文能儘早動筆，盡快發表他的理論。即使不能一下子發表整本著作，也應該先出版一本物種理論的摘要。

不過，達爾文對胡克的建議也不甚滿意，他並不想先出版概要。最終經過艱難的抉擇，他放棄了先出版概要的念頭，而是仍按照老計畫，多花一些時間，寫一部有詳細和充分證據的關於物種起源的著作。

第十四章 華萊士事件（二）

西元一八五七年四月底，達爾文在寫作過程中收到了一封來信。打開一看，原來是華萊士從馬來群島寄來的。再一看時間，已經是半年前寫的了。在這封輾轉了半年之後的信中，華萊士詢問達爾文是否看過他發表的那篇〈制約新物種出現的規律〉的論文，並問達爾文有沒有什麼意見？

達爾文很快就向華萊士回了信，表示自己的想法與華萊士的想法相近，他幾乎完全同意華萊士論文上的每個字。同時他也告訴華萊士，自己也正在寫關於物種起源和變種的著作，他花了二十年的時間來搜集資料。

這封信也輾轉了很長時間，直到西元一八五八年的一月四日才到華萊士的手中。看到達爾文的信，華萊士很高興。

西元一八五八年一月二十五日，華萊士到達安波那島以北的一個小島——特爾特納島。二月，他患上了嚴重的瘧疾而無法工作，便躺在床上思考各種物種起源的問題，他忽然想起十年前讀過的馬爾薩斯的《人口論》。其中提到，未開化人群人口數量大致保持不變的原因是戰爭、疾病、饑荒和災難等等。華萊士恍然大悟，意識到這些因素同樣適用於動植物界。於是，適者生存的概念在他的腦海中馬上出現了。

他馬上爬起來，發著高燒，連花了兩個晚上寫了一篇論文寄給達爾文。

達爾文收到華萊士的信後，心情十分複雜。如果華萊士的論文馬上發表的話，達爾文再出版自己關於物種的書，就會被人認為他抄襲了華萊士的演化思想。

為避免這個問題，達爾文趕緊找到胡克，商量下一步應該怎麼辦。胡克看了達爾文的信和華萊士的論文後，驚訝的說：

「真是不可思議！如果不是看了華萊士的信，我還以為這篇論文是達爾文寫的呢！」

萊爾雖然沒有看過達爾文的物種理論概要，但是對達爾文的演化理論早就熟悉。後來，他和胡克一致建議達爾文：在發表華萊士論文的同時，達爾文也應將自己已經寫好的一部分著作發表出來，以證明他在理論形成方面的獨立性和優先權。

這件事影響了達爾文的身心健康。恰在此時，一件更不幸的事情發生了：他的小兒子因患猩紅熱而過世了。這讓達爾文感到身心交瘁。

最終，達爾文經過一番內心掙扎後，寫信給萊爾說，他分析了與華萊士觀點中的分歧，表達了他想向華萊士證明自己沒有剽竊他的理論，並決定他不能發表那部分已經完成的概要，「最初的想法往往是正確的，而我一開始就認為現在發表是不光彩的」。

最後，胡克和萊爾終於找到了一個折衷的方法：將達爾文和華萊士雙方的論文一併寄給林奈學會（Linnean Society of London）的祕書，同時還提供了達爾文在西元一八四二年和西元一八四四年所寫的隨筆中的一些片段，以及西元一八五七年達爾文寫給哈佛大學教授葛雷的有關自然選擇的一封信中的部分內容。而華萊士也同意一起在林奈學會與達爾文共同宣讀論文。

在寫給林奈學會祕書的信中，萊爾和胡克客觀而詳細的告知了達爾文與華萊士的整個事件。

（三）

西元一八五八年七月一日，萊爾和胡克在倫敦林奈學會的報告廳裡宣讀了達爾文和華萊士的論文。這次宣讀達爾文和華萊士都沒有到場，因為達爾文的小兒子病逝後，他和家人都還處於隔離階段；而華萊士更是因為在馬來群島考察，無法回來出席。

在會上，胡克和萊爾著重強調了達爾文和華萊士的論文之間的關係。華萊士的論文〈論變種無限的離開其原始模式的傾向〉是五月份寄給達爾文的，達爾文又將論文轉給了萊爾。需要說明的是，華萊士研究的問題正是達爾文研究的問題；而達爾文早在西元一八三七年就開始研究物種問題了。西元一八四四年，他還寫出了物種理論概要。

當萊爾和胡克宣讀論文時，會場內十分安靜，所有人都被達爾文和華萊士新穎的理論吸引住了。大家都第一次聽說關於「生存抗爭」、「自然選擇」這樣新穎的題目。即使那些一向守舊的學者，在未能確定有利於他們的攻擊點之前，也不敢輕易出擊反駁。

西元一八五八年八月，達爾文和華萊士的論文以總題目〈論物種形成變種的傾向；並論變種和物種透過自然選擇的存續〉在《林奈學會會報》第三卷上發表出來。但是，這些新穎、大膽而革命性的觀點並沒有在科學界引起很大的轟動，正如達爾文自己所說的那樣：

「我們合作的成果幾乎沒有引起注意。我記得，發表的唯一一篇有關它的評論是都柏林的霍頓教授寫的。他的評語是：『論文中所有新鮮的東西都是謬誤的，而所有正確的東西又都是陳舊的！』。」

有一家科學雜誌表達了謹慎的觀點：

「論文引起的興趣極為強烈。只是，這個問題太新奇了，它讓那些老派的學者們在這種不祥之兆的挑戰面前猝不及防。」

經過此事後，達爾文意識到，自己再也不能這樣無休止的只搜集資料而拖延物種一書的寫作了，他決定立即動手書寫這部巨著的摘要，以簡明扼要的說明他關於物種的基本思想，並打算將摘要交給林奈學會，在學會的雜誌上發表。

不過，這件事卻促進了達爾文與華萊士的友誼。達爾文對華萊士不畏艱難、執著追求的精神十分欽佩；而華萊士從發表在《林奈學會會報》上的文章，了解到達爾文不為爭名奪利而提早發表他的理論，對達爾文也更加敬重。他認為，自己與達爾文相比，顯得更像一個毛躁的少年，只有達爾文才是最有能力主持物種起源這個龐大工程的人。

華萊士也是一個非常了不起的人，透過這件事，他主動放棄了成為該學說創始人的想法，將自然選擇和物種起源論的建立都歸功於達爾文，自己則自稱為一個達爾文主義者。

當《物種起源》出版之後，華萊士又極力為之喝彩，稱其為「迄今為止最重要的書籍之一」。即使在達爾文逝世後，華萊士也仍然是「達爾文主義」的積極宣傳者和捍衛者。

在科學的發展史上，有不少科學家透過各自獨立的研究而做出相同發現的例子，比如牛頓和萊布尼茲（Gottfried Wilhelm Leibniz），就曾透過不一樣的方法同時發明了微積分，但是他們卻為爭奪發明優先權而相互攻擊。但是達爾文和華萊士卻從相互了解尊重對方的成果，而最終成為朋友，共同完善科學學說，這在科學史上是絕無僅有的。因此，達爾文和華萊士這段友誼，也成為科學史上廣為流傳的佳話。

第十五章　《物種起源》問世

我不能忍受遊手好閒，因此，我認為只要我能夠做的，我就會繼續做下去……。

——達爾文

第十五章　《物種起源》問世

（一）

（一）

在華萊士事件發生後，達爾文加快了關於物種一書的寫作。根據相關記載，達爾文是在維特島上的三塘開始這個工作的。

西元一八五八年七月二十日到八月十二日，達爾文雖然感到身體不適，但是依然堅持每天工作幾個小時。然而，達爾文發現，這個摘要比他預計的長得多。他已經將說明某些論點的事實限制在最低限度內了，已經不能再壓縮了，可是僅自然選擇的第一章就占據了四十多頁。

達爾文寫信給胡克，詢問下一步該如何進行才好。胡克回信建議達爾文將摘要分成幾個部分，分別在《林奈學會會報》上發表。

雖然達爾文覺得胡克的建議很有道理，但是他卻擔心這樣發表會讓理論過於分散，讀者讀起來會覺得理論不完整。

果然，當第一部分的摘要在《林奈學會會報》上發表時，就遇到了麻煩，編輯不同意這樣分散刊載。

因此，達爾文便決定以西元一八五六年至西元一八五八年寫的初稿為基礎，正式撰寫他的物種理論專著。這一決定，推動了舉世聞名的生物學巨著——《物種起源》的誕生。

在寫作期間，胡克簡直成了達爾文忠實的顧問，達爾文幾乎每寫完一章都要寄給胡克，徵求胡克的意見。讓達爾文感到高興的是，胡克看了以後並沒有發現許多錯誤，但是卻向達爾文提出了許多寶貴的意見。

西元一八五八年九月，英國科學協會代表大會在里茲召開。會上，古生物學家理查·歐文（Sir Richard Owen）在開幕詞中分析了「物種的創造或形成」問題。歐文的發言本來是想調和一下兩個對立派之間的觀點，因為當時關於物種問題有兩個對立的觀點存在：一種認為，物種起源是透過創造活動形成的；而另一種觀點認為，物種起源是演化的「自然」過程。

雖然會議並沒有對兩派觀點真正達成調和，但是卻客觀上幫助了達爾文的事業。因為歐文的發言是代表大會廣大聽眾所講的，當時英國最著名的學者和專家都出席了此次大會，大多數學者和專家似乎都接受達爾文的學說。會議結束後，人們簡直已經是迫不及待的想要看到達爾文的這部著作了。

到十二月底，達爾文已經完成了三百多頁的手稿，他預計還要再完成一百五十至兩百頁。經過這段時間的寫作，達爾文寫信對胡克說，還是出版單行本比較好一些，畢竟「這個課題實在太大了，不能在任何學會中對它進行討論」，更何況一些好事者還會「將宗教問題扯進來」。

到西元一八五九年三月，達爾文已經寫好了關於地理分布的一章。三月六日，達爾文寫完了關於分類法、形態學、胚胎學等內容的最後一章。

在即將完稿時，堂哥福克斯聽過達爾文的身體狀況後，特意寫了一封信給他，勸他多注意身體，不要為了名譽而讓自己太辛苦。達爾文回信說，堂哥誤解他了，他並不是為了什麼名譽，而是為了一種試圖發現真理的本能在工作。

第十五章　《物種起源》問世

（一）

達爾文說得很對，在今天看來，達爾文的物種起源學說的確帶給他龐大的榮譽；可是在當時，否定創世理論是需要承受龐大的壓力的。偉大的科學家哥白尼在自己臨終前才勇於拿出他否定地心說的《天體運行論》，布魯諾則因宣傳哥白尼的學說而被活活燒死。這些都說明，當時擺在達爾文面前的道路上絕不是鋪滿了鮮花，而是充滿了荊棘。

（二）

在西元一八五〇年時，英國的出版商大多數都熱衷於文學作品和通俗讀物。因此，當達爾文的初稿完成後，便請求萊爾幫他和出版商約翰·莫里先生聯絡一下出版事宜。為了出版這本講述真理的書，達爾文不得不進行一些策略的考慮，因為他很擔心莫里先生會因為這本書中的一些非正統觀點而拒絕出版。

莫里曾出版過萊爾的《地質學原理》，但是對於是否出版一本關於物種起源的科學論著還相當猶豫。因為科學專著的發行量通常比較小，賺不到什麼錢，弄不好還可能虧損。何況，當時莫里並不認為達爾文的這部著作能成為名著，倒是覺得有些過於標新立異。

為了能讓達爾文的這部著作得以出版，萊爾以科學史上一些偉大的標新立異的著作，比如哥白尼的《天體運行論》、伽利略的《關於托勒密和哥白尼兩大世界體系對話》等來勸說莫里先生，最終莫里先生勉為其難的答應先印上一千兩百五十冊。

西元一八五九年四月初，莫里回信告訴達爾文，他同意出版這本書，然而關於書的標題，達爾文與莫里先生之間出現了一些分歧。達爾文覺得書名應叫《關於透過自然選擇的物種和變種的起源一書的摘要》，而莫里先生卻堅決反對叫作《摘要》，萊爾則不贊成用「自然選擇」這個術語。不過，達爾文堅持自己的意見，並認為「選擇」這個名詞，畜牧家和一般人都能理解，對他們可以更清楚的說明家養動物和野生動物的選擇原則的共同性。

第十五章　《物種起源》問世

（二）

就在《物種起源》開始排印時，又發生了一件事，讓該書的出版又差點泡湯。原來，達爾文每寫完一章都會寄給胡克看，而胡克將稿子寄回給達爾文時卻丟失了一部分。幸好達爾文還留有底稿，否則就會大大延誤出版時間了。

六月份，達爾文看到了被陸續排印出來的手稿清樣，結果感到非常不滿意。因為他發現自己的文筆非常差，需要修改的地方很多。他馬上寫信給莫里先生，請求再讓他修改一遍。這次修改，達爾文幾乎將清樣塗得滿紙烏黑，還黏貼上許多紙條。

之所以這樣不遺餘力的注意文筆，是因為達爾文擔心這樣寫出來的東西，讀者會因為文體的枯燥而影響對演化論思想的接受，那樣就會很少有人願意耐心的閱讀它。要想讓讀者接受自己的理論，他就要將科學真理用最優美、最通俗流暢的語言寫出來。另外，他還將校樣寄給萊爾和胡克，請他們在事實和證據上為他修改一些錯誤。

九月初，第一次校樣基本修改完了。隨後，達爾文打算再用幾週的時間修改第二次校樣，寫完後就去休養看病，因為這段時間他累壞了，身體感到了明顯的不適。

西元一八五九年十月十日，達爾文校完了該部著作的最後一個打樣。從開始寫作到最終完成，一共歷時十三個月又十天。第二天，達爾文就在艾瑪和孩子們的陪同下，拖著疲憊不堪的身體，到艾克蕾礦泉療養所進行療養去了。

西元一八五九年十一月二十四日，《依據自然選擇的物種起源》（簡稱《物種起源》）這一偉大的著作正式出版了。

這一天，莫里先生的書店出現了前所未有過的熱鬧場面：人們都來這裡競相購買這本剛剛出版的新書。長期以來，這些人被達爾文的著作吊足了胃口，現在終於等到著作出版了。在購買書的人當中，有大學生、有園藝家、有畜牧家、有紳士、還有牧師……。

不到半天的時間，從印刷廠裡送來的三百本書就賣完了，這讓莫里先生又高興又發愁。高興的是，書店裡的生意從未這麼熱絡過；發愁的是，書馬上就賣完了，可是前來求購的人還是絡繹不絕。他馬上吩咐店裡的店員到其他書店去看看有沒有多出來的書。店員跑遍了倫敦的書店，結果都是一樣，書已經全部銷光了。

在僅僅一天的時間裡，一千兩百五十冊書全部銷售一空，而且還不斷有人前來尋購。這在當時英國同類書籍的發行史當中，可是一個了不起的創舉。

第十五章　《物種起源》問世

（三）

《物種起源》的成功，讓達爾文感到有些始料未及。當初他其實只想印幾百本，賣給一些專家和學術團體的圖書館作為參考資料，沒想到書一出版居然成了暢銷書。許多購書者從德國、美國等世界各地紛紛而來，都要一睹達爾文這部著作的真面目。到西元一八六二年，該書已經出到第五版，並被譯成了三種外國文字。

《物質起源》的暢銷，也說明當時的人們對於物種起源這一問題還是十分關心的，但是，書的大賣並不代表讀者就都能接受達爾文的這一派生物演化理論論調。

在當時的英國，許多受過教育的人都是信仰宗教的，包括絕大多數的科學家在內，都認為《聖經》中的上帝創世說是正確的。因此，《物種起源》的出版無疑就像一波驚天動地的浪潮。各種人在閱讀了這部書以後，都做出了相當強烈的反應，一些學者們甚至竭力論證達爾文學說的荒謬和錯誤。

在這些反對達爾文的人當中，還包括達爾文的老朋友萊爾。達爾文曾說，《物種起源》的出版離不開胡克和萊爾的大力支持，可是萊爾對書中的主要觀點，所持的態度並不完全贊同。

萊爾曾在地質學領域點燃了反對舊理論、舊思想的火焰，將地質學從「上帝創造的行動」中獨立出來，並向生物學投放了光明。所以，萊爾的理論推動了達爾文向演化論方向的轉變，並為胡克與赫胥黎等人接受達爾文的理論鋪平了道路。可以說，萊爾是當時科學界中的偉大人物之一。

萊爾認為，在地球上起作用的各種力量都是不變的，地球也不是按照一定的規律和方向發展的，而只是毫無關聯、偶然的變化著的。雖然他發現了古今物種存在懸殊的大量事實，本來也很容易得出物種變異的理論，可是長期以來他一直堅持物種不變論。

因此，當他看到達爾文《物種起源》的校樣時，與達爾文在物種是否由上帝創造、物種變與不變、演化過程有無創造力干預等十分重要的問題，產生了原則性的分歧。

但是，萊爾的偉大之處在於：他沒有憑著自己在科學界的地位去打壓甚至扼殺達爾文的這些理論。這可能與他個人的經歷也有關，當年他的《地質學原理》問世時，就曾飽受科學界一些學者和神學論者的詰難和壓制。所以，雖然《物種起源》中的一些觀點與他的《地質學原理》中的一些觀點背道而馳，他雖然不完全贊同達爾文的觀點，但是對達爾文《物種起源》的研究工作還是給予了由衷的支持和幫助，並給予這本書適度的肯定，認為這本書推理嚴密，論證有力。

另一個曾對達爾文產生過較大影響的人，也同樣不贊同達爾文《物種起源》中的觀點。這個人就是賽奇威克教授。

賽奇威克教授是達爾文在劍橋大學時期的導師，達爾文的第一次地質考察就是在他的帶領下進行的。但是，賽奇威克教授是個很守舊的人，不願意接受新思想、新理論。當初萊爾剛剛提出他的地質學說時，賽奇威克教授就堅持用居維葉（Baron Georges Léopold Chrétien Frédéric Dagobert Cuvier）的災變理論加以駁斥；現在，他曾經的得意門生又提出了生物演化論，甚至

第十五章　《物種起源》問世

（三）

還出版了《物種起源》一書，這簡直和他信奉的上帝創世說形如水火，他自然是難以接受的。

西元一八五九年十二月，《物種起源》剛剛出版一個多月後，達爾文就收到了老師賽奇威克的信。在信中，賽奇威克教授說他不能接受達爾文的荒謬觀點，認為這本書的出版簡直是讓人無法忍受的惡作劇，並說達爾文的結論中多半都是錯誤的。

不僅如此，賽奇威克教授還發表文章公開駁斥達爾文的理論，認為如果按照達爾文的自然選擇法則，那就會出現這樣的情況：

「人類就會受到損失，人性就會受到摧殘，人類就會墮落，墮落的程度比我們在人類史中可以查到的任何一次都要龐大……。」

他還在《旁觀者》雜誌上發表評論文章，諷刺達爾文的學說就像「用一串肥皂泡做成的一根繩子」，指責達爾文頭腦腐朽，並宣稱自己要和達爾文的演化論抗爭到底，絕不停止對達爾文的責罵。

賽奇威克批判達爾文理論的文章充滿了憤怒、諷刺甚至是嫉妒，讓達爾文既痛惜又憤慨。他在寫給葛雷的信中提到「可憐的老賽奇威克對《物種起源》發出的狂怒」時說：

「我永遠不相信宗教裁判者會是一個好人。但是現在我知道了，一個人可以火燒另一個人，同時又可以有一顆像賽奇威克那種既慈善又高貴的心。」

第十六章　科學與宗教的論戰

人類在道德文化方面最高級的階段，就是當我們認識到應當用理智控制思想時。

——達爾文

第十六章 科學與宗教的論戰

(一)

達爾文的《物種起源》用大量的事實，說明了一個令人驚奇的事實，生物界是在不斷變化的，有著自己的發生和發展過程。現在世界上形形色色的生物都不是上帝創造的，而是「若干少數生物的直系後代」，生物演化是客觀存在的事實，且有規律可循。它們從簡單到複雜，從低階到高階，不斷發展、演化。這種發展和演化不是什麼超自然力量干預的結果，而是自然界內部對抗的結果。也就是說，生物的發展和演化並不是由上帝的意志或生物本身的欲望決定的，而是變異遺傳、生存抗爭和自然選擇的結果。

在書中，達爾文還對自然界進行了忠實的論述，並提出了許多論據、觀察、評論和思考，從而讓讀者根據這些事實來自己考慮，得出自己的結論。這些大膽、新奇的觀點的確讓人耳目一新。

《物種起源》的出版，在生物界領域產生了深遠的影響，「達爾文推翻了那種將植物種看成彼此毫無關聯的、偶然的、神造的、不變的東西的觀點，第一次將生物學放在了完全科學的基礎上」。

其次，《物種起源》在博物學界也產生了龐大的迴響。除了胡克和赫胥黎外，一些進步的學者，像葛雷、華萊士等，也都紛紛表示擁護這個理論。當然，對這一理論的反對者和抨擊者更是層出不窮，除了萊爾和賽奇威克教授外，西元一八五九年十一月，在《英國科學協會會報》上還刊登了一篇攻擊達爾文理論的評論文章。

在這篇文章的一開始，就將問題的焦點集中在「人的起源」這個最困難、最容易激怒人情感的問題上。文中說：

「……如果猿猴變成了人，那麼人又將變成什麼呢？」

隨後，文章又對自然選擇進行了惡意的歪曲和攻擊，並汙蔑達爾文的理論完全是憑空捏造出來的。

這篇文章的用意，就是要挑起那些上帝的信徒們對達爾文發起攻擊。

其實，根本不需要再用這種文章的挑唆，一些衛道人士們早就已經開始對《物種起源》進行攻擊了。該書剛剛出版發行，就已經有特地針對達爾文演化論學說抨擊的雜誌《雅典神壇》出現了。該雜誌對達爾文的觀點進行了激烈的反駁和惡毒的咒罵，牛津大主教威爾伯福斯甚至率領門徒在英國各地巡迴布道，嚴厲斥責達爾文的理論是異端邪說，「如果像他所說的那樣，勢必導致沒有上帝，而猴子反倒成了我們的亞當了」。道貌岸然的教會領袖甚至強烈要求英國當局停止出版《物種起源》。

事實上，大部分的教士根本就沒有看過《物種起源》，只不過透過道聽塗說對其中內容略知一二而已。甚至那些已經將書翻過一遍的人們，也不能真正理解它的含義。

對於這些攻擊，達爾文早就做好了心理準備，因此根本不在意。而讓他最心痛的，是身邊的一些友人也不斷反對和攻擊他。著名古生物學家理查．歐文，一位與達爾文有著二十多年交情的

第十六章 科學與宗教的論戰

（一）

老朋友，在《物種起源》出版後也寫文章攻擊達爾文。他還利用萊爾對達爾文理論的猶豫態度大作文章，故意製造萊爾反對達爾文的假象，並在《愛丁堡評論》上匿名發表故意歪曲《物種起源》內容的文章，阻礙人們接受達爾文的理論。

從出版到引起爭論，達爾文與《物種起源》一下子成為當時英國群眾關注的焦點，各種報刊和雜誌也都紛紛登載評論達爾文和《物種起源》的文章。在這些文章當中，大部分都維護舊有思想而否定達爾文的觀點。

然而有一天，在英國著名的《泰晤士報》上卻刊登出一篇未署名的文章。這篇文章的一開頭就明確提出，人們議論《物種起源》是依據事實還是依據正統觀點？如果依據正統觀點，那麼動植物學家就應該停止他們的所有研究，因為一切都是上帝創造出來的，研究它們有什麼必要呢？顯然，大多數動植物學家是不會停止他們的研究的。既然如此，就不能將物種起源問題排除在科學研究之外。而對於物種起源思想，只能根據事實來評判，看其能否解釋我們周圍眾多的事實。

最後，文章針對賽奇威克將達爾文的理論說成是「肥皂泡」的攻擊，稱達爾文的理論不是「吹」起來的，而是肯定的評論說：

「達爾文厭惡抽象的推論，就像自然厭惡真空一樣。他對現例和前例的追求正如一個依據憲法行事的律師一樣，並且他所提出的一切原理都可以用觀察和實驗來證實。他讓我們跟著他走的那條路，並不是一條空想的蜘蛛網構成的虛路……。」

（二）

達爾文在讀到《泰晤士報》上所刊載的這篇文章後，十分高興。他立即寫信給好友赫胥黎，詢問作者是誰？

在寫給赫胥黎的信中，達爾文稱讚該文的作者一定是一位在文學上頗具修養的人，而且認真仔細的讀了自己的書。同時，這個人還一定是個知識淵博的博物學家，因為他的文筆和思想十分清晰。達爾文多次詢問赫胥黎這篇文章的作者是誰，其實他已經推測出來了，能寫出這樣文章的人就是赫胥黎。

赫胥黎曾對古生物學進行過大量的研究，並在礦業學校建立了一個地質博物館，經常向工人們普及科學知識。對於物種起源問題，赫胥黎一直持觀望的態度。一方面，他不相信創世論，不相信有所謂的神靈超自然的干預自然界的自然過程；另一方面，他又不相信類型的演化，因為他不能接受演化方式和演化原因的解釋，畢竟能證明演化論的證據太少了。

在《物種起源》出版後，達爾文首先為自己制定了三位評判者：萊爾、胡克和對自然史方面提出的每一個新思想都能積極回應的赫胥黎。

後來赫胥黎回憶說，《物種起源》一書給他的印象是：

「……閃電的閃光，突然間為在沉沉黑夜中迷路的人照亮了他回家的路，或者去別的地方的路，但是一定是他要去的地方。」

第十六章 科學與宗教的論戰（二）

為此，赫胥黎與《泰晤士報》的優秀記者盧克斯共同完成了達爾文所看到的那篇文章：由赫胥黎寫一篇書評，再由盧克斯加以潤色，並加上幾句開場白，然後在《泰晤士報》上發表了這篇文章。這篇文章無疑對提高《物種起源》的聲望發揮了極大的作用。

但是，衛道人士們並不會因為《泰晤士報》發表了捍衛真理的文章，就停止對達爾文和《物種起源》的攻擊。《物種起源》所激起的波浪還只是剛剛開始，更加激烈的大浪正在醞釀著再次襲來。

西元一八六〇年六月，英國科學學會在牛津召開代表大會。在這次會議上，達爾文的《物種起源》成為與會者談論的主要話題。一些從未與達爾文謀面的人，都紛紛向別人打聽哪一位是達爾文先生。不過，達爾文由於身體原因並沒有來參加會議，而是外出養病去了。

達爾文沒有料到，在這次會議上，守舊派們再一次對他和他的理論發起了大規模的攻擊，反對《物種起源》和捍衛達爾文理論的抗爭，也從書面的對戰，發展成為面對面的對抗。

六月二十八日，牛津大學的英國植物學家多賓尼博士做了報告，題目為〈論植物性別的終極原因——兼評達爾文先生的《物種起源》〉。文章中堅持上帝創世論，反對達爾文的物種起源理論。大會主席亨斯洛教授擔心這篇論文會挑起辯論，不好處理，便請赫胥黎教授對此發表意見。

但是赫胥黎拒絕發言，他認為，「大部分聽眾都過於感情用事，這會影響他們進行理智的分析和判斷，所以不可能在他們面前展開科學的討論」。

這時，歐文教授發言了。他表示願意從哲學的意義上來討論這個問題，他相信有些事實能讓群眾判斷出達爾文的學說正確到什麼程度。他說：

「達爾文說世界上各種動植物都是從一種簡單的原生生物變化來的，還說我們人類是由無尾猿變來的。達爾文這樣說有什麼事實根據嗎？沒有。我曾從事過多年的解剖學研究。如果人是從無尾猴猿變來的，那大猩猩的解剖結構就應該和人接近，而不是和有尾巴的獼猴更接近。事實如何呢？大猩猩的腦和人腦的差異遠比獼猴的腦的差異大得多，大猩猩的腦明顯更接近獼猴的腦。這怎麼能說人是從大猩猩變來的呢？事實顯示，達爾文先生的理論是不可靠的。」

這時，赫胥黎忍不住了，他站了起來，表示要問歐文教授一個問題。

「您是根據什麼說大猩猩的腦和人的腦的差別要比和猿猴的差別大呢？」赫胥黎問歐文教授。

「這是事實。」歐文教授肯定而用力的回答說。

「歐文先生，您說的事實就一定是事實嗎？最近我也在對人腦、大猩猩的腦和獼猴的腦做比較。我是學醫學的，對人腦的大小、形狀等都非常清楚，大猩猩的腦和人腦的接近程度要遠遠超過獼猴。而且，我有具體比較實驗的資料可以證明。我所了解的事實是：大猩猩的腦更接近人腦，而不是獼猴的腦。我不知道歐文先生所謂的『事實』是如何得來的，請您拿出您的證據來。如果拿不出來，就不要以所謂的『事實』來斷言達爾文先生的理論是錯誤的，這只能說明您的態度是不科學的。科學要求我們以事實說話，而您這樣講豈不是太輕率了嗎？」

歐文沒想到，赫胥黎最近正在研究人猿同祖的問題，這讓他碰了個大釘子，一下子將自己推入了尷尬的境地。於是，這天的論戰以赫胥黎贏得了第一回合。

（三）

西元一八六〇年六月三十日，紐約的茨威波特博士也準備在大會上宣讀一篇論文，題目為〈論歐洲的智力發展兼論達爾文先生的觀點〉。這天，演化論的反對派代表、牛津大主教威爾伯福斯帶著許多教士和保守的學者，準備澈底「摧毀」達爾文的無神論學說。

茨威波特博士的論文並沒有多大的吸引力，只宣讀了一半，下面就一片竊竊私語聲了。好不容易宣讀完畢後，威爾伯福斯大主教便走上講台，對主席亨斯洛教授說：

「主席先生，我要求發言。」

威爾伯福斯是牛津的主教、數學家，對自然史了解甚少。但是這位被歐文「塞滿」了許多反對達爾文觀點的宗教界發言人，妄圖用連篇累牘的花言巧語蠱惑人心、控制會場、抨擊達爾文。他對生物學根本是一竅不通，對演化論更是極端無知，之所以敢大肆批判演化論，就是仗著歐文「拼湊」給他的那些所謂的根據。

他首先將歐文為他找的「證據」通通列舉了一遍，然後又責問道：

「達爾文先生要我們相信所有的動物和植物都是由第一個原生細胞繁衍下來的，蘑菇也是原生細胞，那麼是不是說我們生活中的動物和植物都是由一個蘑菇變來的呢？達爾文先生可真會變戲法啊！我們的信仰是上帝賜予我們的，我們怎麼能拋棄上帝而去相信達爾文那些沒有根據的理論呢？」

威爾伯福斯的演說很吸引人，充滿了對達爾文的冷嘲熱諷，博得了他那些追隨者們的陣陣掌聲。

主教此時十分得意，以為自己無知的言論可以擊潰達爾文的演化論。這時，他又走到赫胥黎面前，挑釁的說：

「赫胥黎先生，您那麼支持達爾文，我倒想知道，您是依靠您的祖父還是依靠您的祖母和無尾猿獲得親緣關係的呢？」

這種無理的、粗魯的、帶有侮辱性的挑釁引起了神學人士和「神創論」人士的哄堂大笑，同時也惹怒了站在過道中的一些大學生，他們覺得主教的語言和行為對赫胥黎教授是一種極大的不敬。大家將目光整齊一致的投向了赫胥黎，大學生們更是齊聲喊道：

「請赫胥黎先生講話！赫胥黎！赫胥黎！」

赫胥黎鎮靜自若的站起來，不慌不忙的走到講台上，語氣鏗鏘的說：

「主席閣下，應大家的要求，我來講幾句。

「我很感激剛剛威爾伯福斯大主教在這裡所做的那篇奇妙無比的演說……至於主教向我提出的問題，不論是侮辱還是嘲笑，我都不介意。我們在這裡開的是科學會議，是討論如何發展我們的科學事業，清除阻礙科學發展的障礙。而主教先生的演講充分說明，他關心的不是科學，而是上帝；主教先生的演說也不是在討論科學，而是在布道，因為他滿嘴講的都是一些無知的外行話，所舉的反對達爾文先生的例子更是連一點起碼的科學常識都沒有……我不想在這裡列舉大主教的諸多無知，我要說的是，這樣一個對科學無知的人，怎麼能參加我們這個討論科學發展的會議呢？」

赫胥黎的話剛落，大廳裡立即響起了熱烈的掌聲。尤其是那些大學生們，鼓掌鼓得特別起勁。

接著，赫胥黎又用慷慨激昂的聲音說：

「主教大人剛剛譴責達爾文先生的理論是愚蠢的，他可能不知道，這一理論是達爾文先生花了二十二年的時間搜集資料、查閱文獻、不斷實驗後才得出來的。……每一個觀點都是有根據的，絕不像某些人沒有根據的在這裡信口雌黃。只要讀過《物種起源》的人都知道，書中到處都可見到確鑿的事實，而且那還只是達爾文先生列舉出來的極少的一部分。

「關於人類起源於猿猴的問題，當然不能像大主教那樣粗淺的理解。這只是說，人類是由類似於猿猴那樣的動物演化來的，而且這也是作為一個科學問題來研究的。而主教先生卻完全不以研究科學的態度向我提出問題，只是利用聽眾的宗教情感對我發難。我覺得，任何一個人都沒有理由為他的祖先是無尾猿而感到羞恥。我感到羞恥的倒是這樣一種人；無視事實、信口胡說、善於權變、粉飾自己的無知；不安分於自己職業範圍內的事，卻插足於他一竅不通的科學領域中來。所以，他只能避開辯論的焦點，用花言巧語和詭辯的辭彙轉移聽眾的注意力，以宗教的偏見和情感來壓倒對方。這樣的人才是最該感到羞恥的！」

赫胥黎以平靜的語氣、充分的說理，有力的回擊了大主教，博得了絕大多數聽眾的好感。他的話音一落，場上便響起雷鳴般的掌聲，那些年輕的大學生更是個個喜形於色。原來那些準備討伐達爾文的人，一個個都縮了回去，誰也不敢再要求發言了。

隨後，胡克也上台發言。他只是做了簡短的演說，一方面指出威爾伯福斯主教對達爾文著作的曲解，分析這位主教其實沒有讀懂或根本沒有讀過《物種起源》；另一方面，他講述了自然選擇可以很合理的解釋他所研究的植物現象。所以他的結論是：他心悅誠服的接受達爾文的這個理論。

剛才還神氣萬分的威爾伯福斯主教聽完胡克的發言後，再也沒有勇氣登台答辯了，只好悄悄的離開了會場。這場妄圖扼殺達爾文演化理論的論戰，最終以科學戰勝宗教而告終。

（四）

在牛津的論戰結束之後，赫胥黎為了進一步宣揚達爾文的演化學理論，根據自己多年從事動物學、比較解剖學、生理學和古生物學研究的經驗體會，利用休息時間在倫敦聖馬丁教堂的演講廳中，向工人們通俗的講解了演化理論。

赫胥黎那廣博的知識、通俗易懂的語言，以及清晰的表達方式，吸引了很多聽眾前來。除了工人之外，還有學生、學者、大學教授，甚至馬克思的夫人燕妮女士（Jenny Marx）都來這裡聽他的演講。

同時，《物種起源》的影響也很快從倫敦蔓延到歐洲大陸和大西洋彼岸的美國。

在德國，著名胚胎學專家馮．貝爾（Karl Ernst von Baer）公開表示支持達爾文的學說；佛里茲．米勒寫了一本以《支持達爾文》為書名的書，高度讚揚了達爾文的理論和著作；而動物學家海克爾（Ernst Heinrich Philipp August）更是達爾文理論最熱情的擁護者，西元一八六三年，海克爾在出席德國自然科學大會時，直率而肯定的宣稱：達爾文主義傳播了新的世界觀。

在俄國，達爾文的理論也很受歡迎。《物種起源》發行不到兩個月，俄國聖彼得堡大學的庫托爾加教授就開始在課堂上講授《物種起源》和達爾文的一些新觀念，並在報刊上發表文章，表示支持和讚揚達爾文的學說。

但是在法國，由於受災變論思想影響，人們對達爾文的理論大多採取冷漠甚至嘲諷的態度。

一直到西元一八六七年後，才有古生物學家吉恩．葛德利發表論文，表示支持達爾文的觀點。即便這樣，他還是受到了排斥和孤立。

在美國，達爾文的學說同樣遭到了強大的阻力。美國著名博物學家阿加西斯（Jean Louis Rodolphe Agassiz）甚至特別撰寫文章責罵達爾文的理論。不過很快的，美國就爆發了一場捍衛達爾文學說的抗爭。

可以說，到西元一八六〇年代中後期，《物種起源》的理論已顯著占據上風了，一些支持演化論的著作相繼出版，達爾文的理論也被廣泛傳播開來。此後，他便不斷獲得對他作品的獎勵和讚許，世界各地的學院和科學團體也都紛紛頒發給他獎章、勳章等，授予他各種博士、名譽院士、名譽會員等頭銜。不過，達爾文對這些東西一向相當淡泊，有幾張獎狀甚至還遺失了。

教會人士和神學學者們對達爾文理論的態度也逐漸發生了變化，他們在教堂上的神壇上虛情假意的說，達爾文的學說並不牴觸宗教觀念；相反的，自然選擇的理論與神學是完全相符的。至於以前對《物種起源》的抨擊，都純粹是出於誤會。他們還散布謠言，稱達爾文是個有宗教信仰的人。事實上，達爾文一生對宗教都持一種很複雜的態度，甚至是有些反感的。對達爾文來說，生命將由科學來解釋，而非宗教教義。

總之，雖然《物種起源》的出版引來了一次又一次的軒然大波，但是的確成為自然科學史上的一個最為重大的事件，同時也成為十九世紀絕大多數有學問的人改造世界觀的開始。達爾文相信，物種起源學說終究會為生物學領域帶來充滿曙光的未來。

第十六章 科學與宗教的論戰
（四）

第十七章 《人類的起源》

我相信我沒偷過半小時的懶。

——達爾文

（一）

《物種起源》發表後，傾洩在達爾文身上的汙蔑和嘲諷毀壞了他的健康，情況之嚴重，讓他的朋友們都擔心他再也不能繼續工作了。在朋友們的幫助下，達爾文在肯特郡奧賓頓的達溫村找了一棟房子。那裡雖然沒怎麼進行修整和收拾，但是很清靜，只能隱約的聽到村裡小教堂的聲音。在這裡，達爾文的身體漸漸復原了，又能夠搜集甲蟲和蝴蝶作為消遣，還能偶爾打打獵。

身體稍微好一點後，達爾文就又開始工作了。二十多年以來，他對由昆蟲做媒介的異花受精非常感興趣。在研究異花受精時，蘭花是他最著迷的植物。當手頭有了他能夠觀察到的第一手資料和胡克提供的大量根據後，他開始寫一本題為《昆蟲使蘭花受精的幾種方法》的小冊子。這本書大部分是在西元一八六〇年返回唐恩莊園後完成的，西元一八六二年發表。

這本書一出版，就受到了熱烈的歡迎。此後十五年內，他又繼續寫了一些有關植物受精的小冊子。

西元一八七五年九月，達爾文經過十多年的研究和大量的觀察資料，又寫出了《攀緣植物的運動和習性》一書。該書出版不久，就銷售了一千五百餘冊。

而西元一八七六年出版的《異花授粉與自體授粉在植物界中的效果》(The Effects of Cross and Self-Fertilisation in the Vegetable Kingdom) 一書，則使達爾文從事的植物研究工作達到了高峰。當時他並沒有意識到自己的研究對整個園藝學所產生的影響，事實上，他為使用科學方法栽培更好的花、水果和蔬菜等，開闢了新的道路。

西元一八七五年時，達爾文又發現了一種食蟲植物，並對其進行研究實驗，最終寫成了《食蟲植物》（Insectivorous Plants）一書。在這本書中，達爾文指出，某些植物經過適當刺激後，會分泌含某種酸和某種酶的液狀物，這種液體與動物的消化酶十分相似。這樣，這些植物就會捕食各種含有與它們的分泌物相似的消化酶的小昆蟲。

這本書一出版，就在全世界的植物學家中引起了龐大的轟動。就像達爾文本人所承認的那樣，「這當然是一個重大的發現，無疑是我所做出的最為重大的發現之一」。

通常達爾文都會相當快的寫完一些植物學的著作，他認為這些著作並沒有花費他多大的力氣，但是對動物的研究就頗費些心血了。

西元一八六八年，達爾文出版了他的兩卷巨著《動物和植物在家養下的變異》。這本書他在西元一八六〇年時就開始撰寫了，可是因為經常生病和其他工作的耽誤，書的進度很慢，經過八年時間才得以完成。

在這本書中，達爾文敘述了他對英國家養生物所做的全部觀察，和從各方面搜集來的大量事實，並用當時所有的知識，詳細的討論了遺傳和變異的原因和法則。可以說，這是一本系統性發揮和論證他自己的學說的著作。

這部著作的出版，全面推進了演化學說的勝利，神創論者再也無力從理論上攻擊演化論了。很快，它就被翻譯成為多國文字，在世界各地發行。西元一八七五年，該書又出版了第二版，達

第十七章 《人類的起源》

（一）

爾文又花費了大量的時間對全書進行了許多修訂。

在完成了《動物與植物在家養下的變異》這部巨著後，達爾文便開始著手準備寫作有關人類起源問題的著作。

（二）

從自然界到人，是一個很自然的轉換過程。事實上，達爾文的擁護者們早已開始研究和探討關於人類的起源這個問題了。

赫胥黎是最先對「人類在自然界中的地位」這個問題進行研究的人，尤其是詳細的研究了類人猿的大腦和人腦的結構。人們一般認為腦體結構正是人和所有其他哺乳動物在身體上最主要的差別，而赫胥黎透過研究分析證實，根本就不是這麼一回事。

華萊士在人類起源的問題上也有著獨到的見解。西元一八六四年三月，華萊士在《人類學評論》上發表了一篇文章，其基本思想是：人類的祖先透過自然選擇而獲得的體質，在人腦充分發達後便不再改變，人類將來的整個進步是與已達到高水準的人類智慧發展相關聯的，人類的智慧發展也導致了發明工作工具、交通工具和火等。

現在，達爾文還開始著手準備人類起源的資料。不過，人類起源的問題是當時最敏感、最尖銳的問題，一旦達爾文以演化論的觀點來提出人類起源問題，勢必會遭到那些教會及其信徒們的激烈反對，而且也不容易被人們理解和接受。所以，達爾文是在人們已逐漸接受物種演化理論之後，才開始具體研究和討論人類起源問題的。

剛開始時，達爾文打算將關於人類起源的問題寫成一篇〈關於人類的一章〉的論文，可是隨著資料的不斷豐富，研究的問題日漸增多，他發現必須寫一部大篇幅的著作才能把問題說清楚。

雖然此時的達爾文已年逾花甲，健康狀況也不好，但是他對科學研究的興趣卻有增無減。他在給胡克的信中寫道：

我經常覺得，除了科學之外，我對每件事都好像一片枯萎了的葉子。有時候，這種感覺讓我痛恨科學。不過，我還是感謝這麼多年不斷的對科學的興趣，因為它可以讓我每天有幾個小時忘掉我那倒楣的胃痛。

達爾文經常胃痛，但是只要他專心的投入到工作當中，就會忘掉病痛的折磨。寫這部著作花了達爾文整整三年的時間。西元一八七〇年八月三十日，經過他的努力，《人類的起源》這部著作終於完成了。

西元一八七一年二月，《人類的起源》出版，初印三千五百冊，很快就銷售一空。到年底，又加印了五千冊。

在這部著作中，有四分之一的篇幅是闡述人類起源的，四分之三的篇幅則討論了性選擇問題。

在人類起源的部分，達爾文從生理結構、胚胎發育、痕跡器官等方面闡述了人與哺乳動物，尤其是高等猿類的關係，不僅從生理上對人類與動物進行了比較分析，還討論了人類與動物在心理、智慧上的關係。

在列舉和分析了人類起源於動物的事實後，達爾文又進一步討論了人類是如何起源於動物的問題。在這個問題上，他依然堅持自己的生存抗爭與自然選擇理論，認為人不只是自然選擇的結果，還是自身活動或工作的產物，是自身活動或工作將其從猿類中選擇出來。

在性選擇的問題上，達爾文討論的是物種的交配和繁殖問題。他認為，性選擇是人種形成的主要因素，但是用性選擇遠不能解釋各人種之間的全部差別。

為了說明性選擇的作用，達爾文對動物的第二性徵做了詳盡的分析，說明第二性徵的產生幾乎全是因為性選擇。他想讓人們明白：在動物那裡發揮主要作用的性選擇，完全可能在人類的類似性徵產生中也產生同樣大的作用。

達爾文認為，男性魁梧、勇敢、好鬥及精力充沛等特性，與女性在這些方面的特性相比，男性在原始時代獲得的，後來又有所增強，這主要是因為男性為了占有女性而展開競爭的結果。同時他還認為，男性有更大的智力和創造力，這在一定程度上也是性選擇所造成的。為此，他還列舉了很多事實來說明這個問題。

性選擇的作用在人類早期生活中表現尤其強烈，達爾文稱，越是強壯、勇猛的男性，就可以選擇吸引人的女性。因此，人類的起源也完全可以用性選擇來解釋。

達爾文的結論是：在所有對各人種之間以及在某些程度上對人和低等動物之間的外表差異起作用的因素當中，性選擇是最為積極的因素。

（三）

《人類的起源》出版後，與達爾文的其他著作一樣，同樣引起了很大的迴響。對於這本書的評價，也是各種意見均有。有讚揚的，有責罵的，有驚訝的，甚至還有譏諷辱罵的，五花八門。因為這本書觸及了人類在自然界位置這一極為根深蒂固的宗教觀念，以及作者在一系列問題上所做出的過於假設性的「抽象」答案，讓人們一時不知如何接受。

即使如此，達爾文並不在意這些言論的好壞，因為他的每一部著作都會引起這樣的「轟動」。但是，在諸多評論當中，給予達爾文這一新觀念重大打擊的是著名動物學家邁弗特的《物種的發生》一書。

這本書對達爾文的自然選擇論給予了嚴厲的、乍看之下又令人信服的責罵。邁弗特指責達爾文的自然選擇論缺乏證據，矛盾百出，並列舉了一大串他認為從自然選擇的觀點看來完全無法解釋的例證。邁弗特認為，自然選擇的理論並不能完全說明構造的有效特性的初始階段。

邁弗特的觀點標誌著反對達爾文主義的新階段：承認生物演化論，但是又不同意演化的因素，即自然選擇。這也說明，演化理論是不可阻擋的，但是別有用心者仍然要負隅頑抗。邁弗特認為，演化的原因在於「某種內在的力量和傾向」，認為發展是突躍性的。

邁弗特的書一出版，很快就銷售一空，對讀者產生了深遠影響，並很快就出了第二版，書中的論據也開始在一些書刊雜誌上反覆出現。

達爾文對邁弗特所提出的問題沒有正面回答，因為他已經看出作者寫這本書的真實意圖——讓「創世說」勝出，並使「科學遷就宗教」，這是他所不能容忍的。可是達爾文卻一時找不到能與他一起論戰的戰友。

就在這時，一位名叫瓊斯．賴特的人發表了一篇文章來支持達爾文的觀點。這個「大量閱讀並思考過形而上學課題」的人，向達爾文寄來了他在《北美評論》上寫的一篇關於《物種的發生》的書評。透過書評，他從哲學方面發表了他贊成自然選擇的意見。

看完賴特的文章後，達爾文立即決定在英國以小冊子的形式出版賴特的書評，而他自己則準備在即將出版的第六版《物種起源》中新加入一章。在這一章中，他打算剖析報刊上對自然選擇論的各式各樣的反對意見，尤其要詳細談談邁弗特的反對意見。

為此，達爾文開始十分艱難的著手寫作，因為長期受到病痛的折磨，他的精力已經極度衰竭了。

就在達爾文吃力的進行自己的計畫時，西元一八七一年七月，《每季評論》上又出現了一篇對達爾文的著作進行的極其激烈的評論和指責，這篇文章讓達爾文大傷腦筋。評論人指責達爾文忽略了哲學和宗教的基本原則。儘管評論人承認自己是擁護發展學的，但是卻又聲稱：人和大象與大猩猩的差別，比它們和地上的塵土的差別還要大。

受到這種「假道學的無禮攻擊」，讓達爾文感到非常苦惱和沮喪。這個階段可以說是達爾文最困難的時候，當時達爾文對自己的現狀是這樣評價的：

第十七章　《人類的起源》（三）

「現在是那些鐘擺式的人物擺向了反對我的一面的時候。」

在這最艱難的時刻，演化論的鬥士赫胥黎再次站出來，在《現代評論》上發表了一篇文章，駁斥了對達爾文主義的種種攻擊，維護了自然選擇和演化論。

看到赫胥黎的文章後，達爾文大受鼓舞。與此同時，達爾文在《物種起源》中也詳細的解答了一些關於自然選擇的問題。

赫胥黎和賴特既從哲學方面，也從神學方面，對邁弗特的觀點形成了打擊，讓邁弗特感到很難過。赫胥黎在文章中寫道：

「鐘擺式的人物現在擺到反對我們的方向去了，但是我堅信，他還會擺到另一邊來的。」

的確，達爾文是有先見之明的。他曾預言說，抗爭將長期進行下去，即使是在他們死去和消失之後。

第十八章　人生的最後十年

我的生活過得像機械鐘錶那樣有規律，當我的生命告終時，我就會停在一處不動了。

——達爾文

第十八章 人生的最後十年

（一）

早在西元一八三〇年代末至一八四〇年代初時，達爾文就對自己新誕生的小生命的表情進行了觀察和研究，此後他便一直興趣盎然的思考人類表情方面的問題。

西元一八五七年三月，達爾文在寫給華萊士的信中說：

……這是我近二十年來酷愛的專題之一，在我計劃寫一篇關於人類的文章後，我最好是研究一下關於感覺表現方面的問題。因為人的面部肌肉的表情動作和感覺的表現方面，是從動物也具有的那種感覺表現中發展來的，而機體的發展原則適用於這一特殊的場合。

西元一八七一年一月十七日，達爾文在看完《人類的起源》最後的校樣後，便開始動手寫《人類與動物的感情表達》（The Expression cf Emotions in Man and Animals）一書。但是六月份因籌備《物種起源》的第六版，中間中斷了一段時間的寫作，後來他還是繼續寫了下去，並在十一月份完成初稿。

為了寫好這本書，達爾文如往常一樣，和大量的人進行了聯絡，包括傳教士、各個民族不同的人士、醫生、動物學家、植物學家等，從他們那裡獲得了大量的資料，豐富了該書的素材。

西元一八七二年秋，《人類與動物的感情表達》一書出版，一下子就銷售五千多冊。

西元一八七三年到一八七五年，達爾文準備再版他過去的許多著作。西元一八七三年準備再版《人類的起源》，西元一八七五年準備再版《動物和植物在家養下的變異》。這是一件十分枯燥的工作，讓他無法全力以赴的從事他所喜愛的植物學的研究，因為再版要求改正來自責罵或通信人所指出的缺點，要求把新的細小事實或想法加到正文中去，還要長時間的對文章的風格和勘誤進行校對。

在達爾文一生的最後十年當中，他的健康狀況要比以前有所好轉，以往那種午前的疲倦或身體不適感已經逐漸消失。雖然體力在不斷下降，但是身體和精神狀況卻相當不錯。在這期間，他主要從事植物方面的相關研究，並寫了不少著作，如《攀緣植物的運動和習性》(Movement and Habits of Climbing Plants)、《異花授精粉與自體授粉在植物界中的效果》、《食蟲植物》、《同種植物的不同花型》(The Different Forms of Flowers on Plants of the Same Species) 等。

西元一八七七年二月十二日，達爾文在自己六十八歲生日的這天，收到了從國外寄來的兩份特殊的禮物：兩本精美的畫冊。一本是德國的雷德先生寄來的，其中有一百五十四位科學家的照片和他們送給達爾文的生日祝詞；另一本是荷蘭的班默蘭教授寄給他的相冊，裡面貼著兩百七十位觀察家和博物學家的照片。

看到這兩份特別而充滿溫情的禮物，達爾文十分激動。他高興的對艾瑪說：

「這是給予我的最高榮譽的禮物了，一定要好好保存起來。這是他們在用相片表示他們對我的支持。」

達爾文一生獲得了無數的獎勵與榮譽，各個學會的獎章、各種榮譽稱號、各種學會的會員等等，但是艾瑪從未看過他像今天這樣激動。達爾文將同行科學家的理解和尊重，看得比那些獎章和榮譽更重要、更珍貴。

達爾文向對方回了信，表示非常喜歡他們的禮物，但是他卻謙虛的說，光榮是屬於他們的。如果沒有其他人的努力和幫助，就不會有他現在的進步。

達爾文說的並不是客套話，而是他真實的思想感受。他從來不將建立演化理論看成是自己一個人的功勞。在他的著作當中，他引用了大量的資料，對這些資料，達爾文都一一指出它們的出處和作者。他很清楚，如果沒有這些人為他提供的資料，沒有借鑑，他是寫不出那些著作的。

（二）

達爾文的最後一部著作是《透過蚯蚓作用的土壤的形成，兼述對蚯蚓習性的觀察》，簡稱《腐植土的產生與蚯蚓的作用》（The Formation of Vegetable Mould Through the Action of Worms），並於西元一八八一年十月十日出版。達爾文沒想到，讀者對這本書會如此熱情，第一天就銷售了兩千冊，暢銷程度甚至超過了當年的《物種起源》。

這本書的成功完全歸功於達爾文的敘事方法。他論述的現象很普遍，但是觀點十分新穎，引用資料豐富，內容容易理解，自然能夠吸引讀者。《聖詹姆斯報》評論指出：這本書和達爾文以往的著作都有一個共同點，就是讓人們了解，非常微小的事物經過長期累積，將會產生多麼龐大的作用。

在寫這本書期間，達爾文就感覺自己的身體狀況日漸衰弱了。西元一八八一年七月，他在給華萊士的信中寫道：

……我不能去散步，一切都讓我感到疲憊不堪，即使觀賞風景也是如此……。我將如何利用這有生之年呢？我希望周圍的人都能幸福，但是生活對我已經變得異常艱難了。

十一月七日，他又寫了一篇名為〈牛鳥屬的寄生習性〉的論文，交給《自然雜誌》發表。當年到了十二月，他的沮喪情緒又加重了，幾乎不能進行任何工作。

十二月十三日，在艾瑪的陪同下，達爾文到倫敦去看醫生，住在女兒亨利埃塔家中。這天，

第十八章 人生的最後十年

（二）

他感覺身體狀況還可以，便去拜訪了生物學家羅馬尼斯，但是羅馬尼斯不在家，他便準備離開。誰知剛一站起來，他就感到一陣眩暈，僕人趕緊扶住他，請他再坐一會兒。他不願意為僕人添麻煩，也不用僕人替他叫馬車，自己搖搖晃晃的離開了羅馬尼斯的家。

西元一八八二年的新年過後，達爾文的病情加重了，他時常感到胸部疼痛，脈搏也不正常，而且這種情形幾乎每天下午都會發生。

即使是這樣，達爾文依舊沒有完全停止寫作。二月六日，他為德國生物學家赫爾曼·米勒（Hermann Muller）所著的英譯本《花的傳粉》寫了序言。三月六日，他還請兒子法蘭西斯在林奈學會代他宣讀了《碳酸銨對葉綠素體的作用》。

三月八日這天，天氣晴朗，達爾文感到自己的身體稍微好了一些，便拄著手杖，邁著蹣跚的步伐走出家門，準備去散步。

剛走出不遠，達爾文突然感到心頭發慌，胸部劇烈的痛起來，額頭上冒出豆大的汗珠，他的心臟病又犯了。他趕緊在一塊石頭上坐下來，按住胸口，閉上雙眼，靠在石頭旁的一棵大樹上休息。

過了好半天，他才覺得好一點，然後拉著拐杖艱難的走回家。從這次以後，他再也不敢走出家門了。

三月十日，艾瑪從倫敦請來著名的恩德里·克拉克醫生為達爾文看病。以前，只要克拉克醫生診療後，達爾文的健康狀況就會有所好轉。這雖然說明克拉克醫生醫術高明，但是更多的是由於克拉克醫生高超的讓人愉悅的手法。達爾文經常能從克拉克醫生那友好的態度中獲得愉悅。

雖然克拉克醫生隨叫隨到，可是他的病人太多了，何況倫敦距離唐恩還有一段路程，所以達爾文堅持不讓克拉克醫生再來幫他看病。他說：

「您那邊有許多需要治療的病人，太忙了，經常來我這裡會讓您疲憊不堪的。」

家人又為他請了別的醫生，但是並沒有什麼明顯的效果，達爾文依舊感到眩暈和疲倦。偶爾有時感覺稍微好一點，他就堅持起來工作一會兒。這期間，他為《攀緣植物的運動和習性》第二版寫了〈序言的附注〉和〈勘誤〉等。

達爾文的老朋友赫胥黎十分關心達爾文，經常寫信給他，詢問他的健康狀況。三月二十七日，達爾文向赫胥黎回信表示自己的身體感覺好一些了，非常感謝他的關心。

四月初，達爾文的健康狀況比較穩定，期間他為范．戴克的論文〈論敘利亞街犬的一個族透過性選擇而發生的變異〉寫了前言。

（三）

西元一八八二年四月十五日這天，達爾文在進晚餐時忽然感到一陣眩暈。他本能的站起來想走到沙發上去休息一下，可是剛一站起來就昏倒在地。

艾瑪和孩子們趕緊將達爾文扶到沙發上躺下來。只要身體感到不適，達爾文就喜歡躺在客廳的沙發裡，眼睛望著擺放著古董和掛著圖畫的那個角落。

四月十七日，達爾文的病情稍微有了一些好轉。艾瑪在日記中寫道：

「天氣晴好，他做了一些細微的工作，再次到戶外，還在花園裡散了一會兒步。」

四月十八日的上午，達爾文撐著病體為《論蚯蚓》的重印和再版工作做了校改。下午，為他負責記錄實驗的法蘭西斯有事出去，達爾文正在進行的實驗還沒有紀錄資料，所以他就讓艾瑪扶著他到溫室，像往常一樣，仔細查看了葉面，然後讓艾瑪對植株做了測量，他則用顫動的手將一天的實驗進展寫在紀錄本上。最近這段時間，這項工作都是法蘭西斯幫他做的，但是今天法蘭西斯沒回來，他便自己做了。這是達爾文此生最後一次進實驗室。

回到房中，達爾文便累得氣喘吁吁，連晚餐都沒吃就休息了。

晚上十一點四十五分左右，達爾文感到嚴重的胸痛。不一會兒，他就痛得昏了過去。艾瑪為了喚醒他，伏在他的床邊不停的呼叫著：

「查爾斯！查爾斯！」

在艾瑪和孩子們的呼喊聲中，達爾文又甦醒過來。他大概已經預見自己即將離開了，便拉著艾瑪的手說：

「只要有妳在我身邊，我一點都不怕死。我真的感謝妳，一有病就要妳受累……。」

「親愛的，別多說了，我都知道。你好好休息，你不會有事的。」艾瑪哭著制止了達爾文的話。

達爾文還是接著說：

「我死後，妳要告訴胡克，讓他把植物名彙編好……。我們還要繼續資助植物名彙的出版工作……。」

說完這些，達爾文又昏迷過去。

西元一八八二年四月十九日凌晨四時，達爾文——一位傑出的、偉大的科學家、博物學家的心臟停止了跳動，享壽七十三歲。

一位科學界的巨星隕落了，全世界都為之悲慟！世界各地都紛紛向唐恩莊園發來唁電唁函，沉痛悼念這位十九世紀最偉大的科學家達爾文，表達他們無限的惋惜之情。

艾瑪很想將達爾文安葬在他居住了四十年的唐恩，可是達爾文如今已不僅僅屬於唐恩和唐恩莊園的主人，他屬於全英國，乃至全世界！

四月二十六日，在倫敦的西敏寺中聚集了很多人，這群人中有代表英國維多利亞女王的樞密大臣約翰·史賓塞，有法國、德國、義大利、俄國和西班牙等國的大使，還有各大學、各學會的代表以及各界知名人士。他們都來這裡參加達爾文的葬禮。

西敏寺可不是什麼人都能進的。教堂是信徒們朝聖上帝的聖地，而達爾文的演化論學說大大動搖了神學的地位，想進教堂下葬更不容易。西元一八八二年四月二十一日，英國二十多位國會議員聯名給西敏寺主教喬治．布雷德利寫了一封信，請求將達爾文的遺體安放在教堂的墓地中。這一要求也得到了英國各階層和各種主張的多數人的支持。當時布雷德利主教正在國外，但是收到信後，立即發回電報表示同意。

達爾文的親屬和親戚都參加了葬禮，但是艾瑪卻沒有參加。她實在是太悲痛了，以至於根本無法出席這莊嚴、隆重的葬禮。

葬禮舉行得十分隆重。在朗誦了如同為一位國王的葬禮增添光彩的悼辭後，達爾文被安葬在西敏寺中堂的東北角，距離牛頓的墓地只有幾步遠。這兩位將上帝逐出自然界的人，這兩位在科學家史上樹立了豐碑的偉人，從此並肩長眠在西敏寺。

這也恰恰印證了華萊士的那句話——

「達爾文不僅可以與牛頓並列媲美，他的工作將永遠被看成是十九世紀自然科學的最偉大成就之一。」

達爾文生平大事年表

西元一八〇九年　二月十二日　查爾斯．達爾文出生在英國塞文河畔的什魯斯伯里鎮。

西元一八一七年　母親去世，成了一所私立小學的學生。

西元一八一八年　升入中學，成為一名住校生。

西元一八二五年　進入愛丁堡大學學習醫學。

西元一八二六年　加入科學研究的學會，並開始發表論文。

西元一八二八年　進入劍橋大學學習神學。

西元一八三一年　畢業於劍橋大學，去北威爾斯考察，同年十二月二十七日隨小獵犬號開始了長達五年的環球考察。

西元一八三二年至西元一八三四年　小獵犬號沿著南美洲東海岸航行。途經的主要港口包括薩爾瓦多、里約熱內盧、蒙特維多以及火地島區。西元一八三三年在阿根廷的蓬塔阿爾塔，達爾文發現了巨獸的化石。

西元一八三五年　前往加拉巴哥群島考察。

西元一八三六年　結束環球考察，返回英國。

西元一八三七年　在蓬塔阿爾塔和加拉巴哥群島的觀察結果的激發下，開始研究物種演化。

西元一八三八年　閱讀了馬爾薩斯的《人口原理》，發現演化和所有物種的生存抗爭之間的關聯。發表有關自然界生

達爾文生平大事年表

（三）

存抗爭的文章。

西元一八三九年　和表姐艾瑪結婚，同年出版《一個博物學家的考察日記》。同年，他的健康狀況出現問題。

西元一八四一年　《珊瑚礁的構造和分布》出版。

西元一八四二年　購建唐恩莊園。開始草擬物種理論。

西元一八四四年　列出長達二十多頁的《物種起源》問題的論著提綱。

西元一八四六年　開始為期八年的甲殼動物的研究。

西元一八四八年　父親羅伯特．達爾文去世。

西元一八五一年　最疼愛的女兒安妮被猩紅熱奪去生命。同年，長達一千零八十三頁的《蔓足亞綱》完成。

西元一八五六年　開始準備《物種起源》，用自然選擇學說概述演化論。

西元一八五八年　收到華萊士的信，他的早期原稿和華萊士的論文同時在林奈學會報告會上宣讀。正式開始寫作《物種起源》。

西元一八五九年　《物種起源》在倫敦出版。

西元一八六〇年　赫胥黎作為「達爾文的鬥士」在牛津的辯論會上擊敗大主教威爾伯福斯。

西元一八六二年　出版有關蘭花授粉的著作。

西元一八六八年　出版《動物和植物在家養下的變異》一書。

西元一八七一年　巨著《人類的起源》出版。

西元一八七二年　出版《人類和動物的表情》一書。

西元一八七五年　經過十多年的研究和大量的觀察資料，寫出了《攀緣植物的運動和習性》一書。同年還出版了《論食蟲植物》一書。

西元一八七六年　出版《異花授粉與自體授粉在植物界中的效果》一書，使達爾文從事的植物研究工作達到高峰。
西元一八八一年　出版最後一部著作《植物土壤和蚯蚓》。
西元一八八二年四月十九日　達爾文在唐恩莊園病逝，終年七十三歲。四月二十六日，作為國家榮譽的象徵，達爾文被安葬在倫敦西敏寺的墓地裡。

達爾文生平大事年表

（三）

官網

國家圖書館出版品預行編目資料

遠古的呼喚：物種起源的終極探尋，挑戰神權的達爾文革命 / 潘于真 著 . -- 第一版 . -- 臺北市：崧燁文化事業有限公司, 2020.11
面； 公分
POD 版
ISBN 978-986-516-509-3(平裝)
1. 達爾文 (Darwin, Charles, 1809-1882) 2. 傳記
781.08 109017020

遠古的呼喚：物種起源的終極探尋，挑戰神權的達爾文革命

臉書

作　　者：潘于真　著
發 行 人：黃振庭
出 版 者：崧燁文化事業有限公司
發 行 者：崧燁文化事業有限公司
E-mail：sonbookservice@gmail.com
粉 絲 頁：https://www.facebook.com/sonbookss/
網　　址：https://sonbook.net/
地　　址：台北市中正區重慶南路一段六十一號八樓 815 室
Rm. 815, 8F., No.61, Sec. 1, Chongqing S. Rd., Zhongzheng Dist., Taipei City 100, Taiwan (R.O.C)
電　　話：(02)2370-3310　　**傳　　真**：(02) 2388-1990
總 經 銷：紅螞蟻圖書有限公司
地　　址：台北市內湖區舊宗路二段 121 巷 19 號
電　　話：02-2795-3656　　**傳　　真**：02-2795-4100
印　　刷：京峯彩色印刷有限公司（京峰數位）

定　　價：280 元
發行日期：2020 年 11 月第一版
◎本書以 POD 印製